公務員試験

出るとこ過去問

国家一般職・地方上級レベル対応

新装第2版

6 マクロ経済学

セレクト SELECT

80

TAC出版

TAC PUBLISHING Group

● はじめに ●

目指す場所に必ずたどり着きたい方のために──
『出るとこ過去問』は、超実践的 〝要点整理集＋過去問集〟です。

「公務員試験に合格したい」
この本を手にされた方は、きっと心からそう願っていると思います。

　公務員試験に合格することは、けっして容易なものではありません。勉強すべき科目は多く、参考書は分厚い。合格に必要な勉強時間はおおよそ1500 〜 2000時間といわれており、準備に半年〜 1年かける方が大半でしょう。覚悟を決め、必死で取り組まなければなりません。

　たとえ予備校に通っていても、カリキュラムをひたすらこなすだけでせいいっぱいという方もいるでしょう。独学の場合はなおさら、スケジュールどおりに勉強を進めていくには、相当な自制心が必要です。試験の日程が近づいているにもかかわらず、「まだ手をつけていない科目がこんなにある」と落ち込んでしまう方もいるかもしれません。

　そんな時こそ、本書の出番です。この『出るとこ過去問』は、公務員試験合格のための超実践的 〝要点整理集＋過去問集〟です。絶対に合格を勝ち取りたい方が最後に頼る存在になるべく作られました。

　おさえるべき要点はきちんと整理して理解する。解けるべき過去問はきちんと解けるようにしておく。それが公務員試験で合格するためには必須です。**本書は、合格のために 〝絶対理解しておかなければならない要点〟の簡潔なまとめと、これまで公務員試験の中で 〝何度も出題されてきた過去問〟だけを掲載しています。**だからこそ、超実践的なのです。

　たくさんの時間を使い、たくさん勉強してきたけれど、まだ完全に消化しきれていない科目がある。そんな方にとって、本書は道を照らす最後の明かりです。**本書のPOINT整理やPointCheckを頼りに重要事項を整理して理解し、過去問が解けるところまでいけば、合格はもうすぐです。**

　いろいろと参考書を手にしてみたものの、どれもしっくりとせず、試験の日程ばかりが迫ってきている。そんな方にとって、本書は頼もしい最後の武器です。**本書をぎりぎりまで何度も繰り返し勉強することで、合格レベルまで底上げが可能となります。**

　道がどんなに険しくても、そこに行き先を照らす明かりがあれば、効果的な武器があれば、目指す場所に必ずたどり着くことができます。

　みなさんが輝かしい未来を勝ち取るために、本書がお役に立てれば幸いです。

2020年3月　TAC出版編集部

● 本書のコンセプトと活用法 ●

本書のコンセプト

1. 過去問の洗い直しをし、得点力になる問題だけを厳選

その年度だけ出題された難問・奇問は省く一方、近年の傾向に合わせた過去問の類題・改題はしっかり掲載しています。本書で得点力になる問題を把握しましょう。

<出題形式について>
　旧国家Ⅱ種・裁判所事務官の出題内容も、国家一般・裁判所職員に含め表記しています。また、地方上級レベルの問題は地方上級と表示しています。

2. 基本問題の Level 1 、発展問題の Level 2 のレベルアップ構成

Level 1 の基本問題は、これまでの公務員試験でたびたび出題されてきた問題です。何回か繰り返して解くことをおすすめします。科目学習の優先順位が低い人でも、最低限ここまではきちんとマスターしておくことが重要です。さらに得点力をアップしたい方は Level 2 の発展問題へ進みましょう。

3. POINT整理と見開き2ページ完結の問題演習

各章の冒頭の**POINT整理**では、その章の全体像がつかめるように内容をまとめています。全体の把握、知識の確認・整理に活用しましょう。この内容は、Level 1 、Level 2 の両方に対応しています。また、**Q&A**形式の問題演習では、問題、解答解説および、その問題に対応する**PointCheck**を見開きで掲載しています。重要ポイントの理解を深めましょう。

● 基本的な学習の進め方

どんな勉強にもいえる、学習に必要な4つのポイントは次のとおりです。本書は、この①〜④のポイントに沿って学習を進めていきます。

①理解する

問題を解くためには、必要な知識を得て、理解することが大切です。

②整理する

ただ知っているだけでは、必要なときに取り出して使うことができません。理解したあとは、整理して自分のものにする必要があります。

③暗記する　④演習する

問題に行き詰まったときは、その原因がどこにあるのか、上記①〜④をふりかえって考え、対処しましょう。

本書の活用法

1. POINT整理で全体像をつかむ

POINT整理を読み、わからないところがあれば、各問題の**PointCheck**および解説を参照して疑問点をつぶしておきましょう。関連する**Q&A**のリンクも掲載しています。

2. Level 1・Level 2のQ&Aに取り組む

ここからは自分にあった学習スタイルを選びましょう。苦手な論点は、繰り返し問題を解いて何度も確認をすることで自然と力がついてきます。

Level 2の **Level up Point!** は得点力をつけるアドバイスです。当該テーマの出題傾向や、問題文の目のつけどころ、今後の学習の指針などを簡潔にまとめています。

●本書を繰り返し解き、力をつけたら、本試験形式の問題集にも取り組んでみましょう。公務員試験では、問題の時間配分も重要なポイントです。

➡ 本試験形式問題集

『**本試験過去問題集**』（国家一般職・国税専門官・裁判所職員ほか）

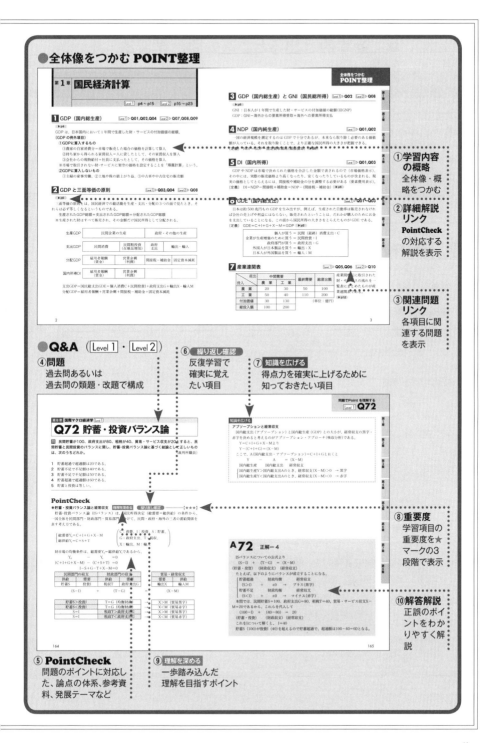

●全体像をつかむ **POINT整理**

第1章 国民経済計算

① **学習内容の概略**
全体像・概略をつかむ

② **詳細解説リンク**
PointCheck の対応する解説を表示

③ **関連問題リンク**
各項目に関連する問題を表示

④ **問題**
過去問あるいは過去問の類題・改題で構成

⑥ **繰り返し確認**
反復学習で確実に覚えたい項目

⑦ **知識を広げる**
得点力を確実に上げるために知っておきたい項目

● **Q&A** (Level 1・Level 2)

Q72 貯蓄・投資バランス論

⑧ **重要度**
学習項目の重要度を★マークの3段階で表示

PointCheck

⑤ **PointCheck**
問題のポイントに対応した、論点の体系、参考資料、発展テーマなど

⑨ **理解を深める**
一歩踏み込んだ理解を目指すポイント

⑩ **解答解説**
正誤のポイントをわかりやすく解説

● 効率的『出るとこ過去問』学習法 ●

1周目

　最初は科目の骨組みをつかんで、計画どおりスムーズに学習を進めることが大切です。1周目は学習ポイントの①概要・体系の理解と、②整理の仕方を把握することが目標になります。

> 最初は、誰でも、「わからなくて当然」「難しくて当たり前」です。初めての内容を無理やり覚えようとしても混乱するだけで終わってしまうことがあります。頭に残るのは全体像やイメージといった形で大丈夫です。また、自力で問題を解いたり、暗記に時間をかけたりするのは効率的ではありません。問題・解説を使って整理・理解していきましょう。

1. POINT整理をチェック

　やみくもに問題を解いても、学習範囲の概要がわからなければ知識として定着させることはできません。知識の中身を学習する前に、その章の流れ・体系をつかんでおきます。

> **POINT整理**は見開き構成で、章の全体像がつかめるようになっています。一目で学習範囲がわかるので、演習の問題・解説がスムーズに進むだけでなく、しっかりした知識の定着が可能になります。ここは重要な準備作業なので詳しく説明します。

(1)**各項目を概観**（5分程度）

　次の3点をテンポよく行ってください。
　①章の内容がどんな構成になっているか確認
　②何が中心的なテーマか、どのあたりが難しそうかを把握
　③まとめの文章を読んで、理解できる部分を探す

> 最初はわからなくても大丈夫です。大切なのは問題・解説を学習するときに、その項目・位置づけがわかることです。ここでは知識の中身よりも、組立て・骨組み・章の全体像をイメージします。

(2)**気になる項目を確認**（30分程度）

　問題・解説の内容を、先取りして予習する感覚で確認します。
　①リファレンスを頼りに各問題や、問題の**PointCheck**を確認
　②まったく知らない用語・理論などは「眺めるだけ」
　③知っている、聞いたことがある用語・理論などは自分の理解との違いをチェック

> 全体像を確認したら、次にやることは「道しるべ」を作っておくことです。内容を軽く確認する作業ですが、知らないことや細かい内容はとばして、自分が知っている用語や理解できる内容を確認し、学習を進める時の印をつけておきます。

2. Level 1 の問題にトライ （問題・解説で1問あたり15分以内が目標）

　まずは読む訓練と割り切りましょう。正解をみてもかまいません。むしろ○×を確認してから、どこが間違っているのか、理解が難しいのかを判断する程度で十分です。問題を読んで理解できない場合は、すぐに解説を読んで正誤のポイントを理解するようにしてください。

> はじめは、問題を自力で解くことや、答えの正解不正解は全く考慮しません。また、ここで深く考える必要もありません。大切だとされる知識を「初めて学ぶ」感覚で十分です。問題で学ぶメリットを最大限に生かしましょう。

3. Level 1 の PointCheck を確認 （15分程度）

　学習内容の理解の仕方や程度を **PointCheck** で把握します。問題を解くための、理解のコツ、整理の仕方、解法テクニックなどを確認する作業です。暗記が必要な部分は、**PointCheck** の文中に印をしておき、次の学習ですぐ目につくようにします。

4. Level 2 の問題の正誤ポイントを確認

　Level 1 の問題と同様に読む訓練だと考えて、正誤のポイントを確認するようにしましょう。ただ、長い文章や、**POINT整理** にない知識、未履修の範囲などが混在している場合があるので、学習効果を考えると1回目は軽く流す程度でいいでしょう。また、Level 1 の **PointCheck** と同様、覚えておくべき部分には印をしておきます。

> Level 2 は2周目で重点的に確認するようにします。1周目はとばしてもかまいません。ただ、これからやる学習範囲でも、眺めておくだけで後の理解の役に立ちます。「なんとなくわかった」レベルの理解で先に進んでも大丈夫です。

2周目以降

　ここからは、問題を解きながら覚える作業です。大切なのは、「理解できたか・できないか」「整理されているか・されていないか」「暗記したか・していないか」を、自分なりにチェックしていくこと。できたところと、難しいところを分けていきましょう。

> 2周目でも、100パーセントの体系的理解は必要ありません。どうすれば正解に至ることができるかを自分なりに把握できればいいのです。最終的には自分の頭で処理できることが目標なのです。

　2周目以降は、もうやらなくていい問題を見つける作業だと考えてください。「ここだけ覚えればいい」「もう忘れない」と感じた問題は切り捨てて、「反復が必要」「他の問題もあたっておく」と感じる問題にチェックをしていきます。

> ここからが一般的な問題集の学習です。3周目は1日で全体の確認・復習ができるようになります。ここまで本書で学習を進めれば、あとは問題を解いていくことで、より得点力を上げていくこともできます。一覧性を高め、内容を絞り込んだ本書の利点を生かして、短期間のスピード完成を目指してください。

出るとこ過去問　マクロ経済学セレクト80

CONTENTS

公務員試験

国家一般職
地方上級レベル対応

出るとこ過去問

6

マクロ経済学

セレクト80

第1章 国民経済計算

Level 1 p4 ～ p15   Level 2 p16 ～ p23

1 GDP（国内総生産）

Level 1 ▷ **Q01,Q02,Q04**　Level 2 ▷ **Q07～Q09**

▶ p4

GDPは、日本国内において1年間で生産した財・サービスの付加価値の総額。

（GDPの例外項目）

⑴GDPに算入するもの

　①農家の自家消費分＝市場で販売した場合の価格を計算して算入

　②持ち家から得られる家賃収入＝人に貸したとして、その家賃収入を算入

　③会社からの現物給付＝社員に支払ったとして、その価格を算入

※市場で取引されない財・サービスに架空の価格を設定することを「帰属計算」という。

⑵GDPに算入しないもの

　①主婦の家事労働、②土地や株の値上がり益、③中古車や中古住宅の販売額

2 GDPと三面等価の原則

Level 1 ▷ **Q03,Q04**　Level 2 ▷ **Q08**

▶ p9

　三面等価の原則とは、国民経済での総活動を生産・支出・分配の3つの面で見たとき、それらは必ず等しくなるというものである。

生産されたGDP総額＝支出されたGDP総額＝分配されたGDP総額

※生産された財はすべて販売され、その金額だけ国民所得として分配される。

生産GDP	民間企業の生産		政府・その他の生産	
支出GDP	民間消費	民間粗投資 （在庫品増加）	政府 支出	輸出－輸入
分配GDP	雇用者報酬 （賃金）	営業余剰 （利潤）	間接税－補助金	固定資本減耗
国内所得DI	雇用者報酬 （賃金）	営業余剰 （利潤）		

支出GDP＝国民総支出GDE＝個人消費C＋民間投資I＋政府支出G＋輸出X－輸入M

分配GDP＝雇用者報酬＋営業余剰＋間接税－補助金＋固定資本減耗

2

3 GDP（国内総生産）と GNI（国民総所得）　Level 1 ▷ **Q02**　Level 2 ▷ **Q08**

▶p6

GNI：日本人が1年間で生産した財・サービスの付加価値の総額(旧GNP)
GDP：GNI－海外からの要素所得受取＋海外への要素所得支払

4 NDP（国内純生産）　Level 1 ▷ **Q01,Q02**

　一国の経済規模を測定するのは GDP で十分であるが、本来なら取り除く必要のある価値額が入っている。それを取り除くことで、より正確な国民所得の大きさが把握できる。
〔定義〕 NDP＝GDP－固定資本減耗(減価償却) ▶p5

5 DI（国内所得）　Level 1 ▷ **Q01,Q03**

　GDP や NDP は市場で決められた価格を合計した金額で表されるので（市場価格表示）、その中には、実際の販売価格より高くなったり、安くなったりしているものが含まれる。現実の価格としてとらえるには、間接税や補助金の分を調整する必要がある（要素費用表示）。
〔定義〕 DI＝NDP－間接税＋補助金＝NDP－（間接税－補助金） ▶p5

6 GDE（国内総支出）　Level 1 ▷ **Q01〜Q03**

　日本は約 500 兆円もの GDP を生み出すが、例えば、生産された自動車は販売されなければ会社の売上げや利益にはならない。販売されたということは、だれかが購入のためにお金を支出していることになる。この面から国民所得の大きさをとらえたものが GDE である。
〔定義〕 GDE＝C＋I＋G＋X－M＝GDP ▶p5

| 個人が買う ＝ 民間（最終）消費支出：C |
| 企業が生産増強のために買う ＝ 民間投資：I |
| 政府部門が買う ＝ 政府支出：G |
| 外国人が日本製品を買う ＝ 輸出：X |
| 日本人が外国製品を買う ＝ 輸入：M |

7 産業連関表　Level 1 ▷ **Q05,Q06**　Level 2 ▷ **Q10**

投入＼産出	中間需要		最終需要	総産出額
	農　業	工　業		
農　業	20	30	50	100
工　業	50	40	110	200
付加価値	30	130	（単位：億円）	
総投入額	100	200		

産業間相互に取引された財・サービスの流れを一覧表にまとめたものが産業連関表である。
▶p12

第1章　第2章　第3章　第4章　第5章　第6章　第7章　第8章

3

Q01 国民所得の概念

問 GDP に関する次の記述のうち、妥当なものはどれか。 （国家一般）

1 　1億円の土地が売買され、その取引を仲介した不動産業者に10%の手数料が支払われた場合、この取引による土地の代金および手数料はGDPに計上される。
2 　絵画が10億円で売買され、仲介手数料として画商に取引金額の5%が支払われたとしても、絵画や株式のような資産の取引はGDPに計上されないので、仲介手数料についても計上されない。
3 　GDPには、市場で取引されるものがすべて計算されるわけではなく、各産業の生産額から原材料などの中間生産物額を差し引いた付加価値だけが計上される。
4 　農家の生産物の自家消費分は市場で取引されなくてもその金額がGDPに計上されるのと同様に、サラリーマンが庭で野菜を栽培し、それを自分で消費する場合も自家消費分としてGDPに計上される。
5 　日本の企業がアメリカへ進出し、そこに工場を建てて生産を行った場合、現地で雇用したアメリカ人労働者が得た所得は、アメリカのGDPを増加させるが、日本から派遣された日本人労働者が得た所得は、日本のGDPを増加させることになる。

PointCheck

●国民所得（経済指標）の諸概念‥‥‥‥‥‥‥‥‥‥‥‥‥‥‥‥‥‥‥‥‥‥‥‥‥‥【★★★】
⑴GDP（Gross Domestic Product：国内総生産）
〔定義〕 日本のGDPは、日本国内で1年間に生産した財・サービスの「付加価値」の合計額と定義される。
〔付加価値とは〕
　例えば、自動車を1台生産したときの価格が150万円としよう。ところが、この自動車のボディーは、実は自動車会社ではなく鉄鋼会社が生産したものである。車を生産するために買い取ったものであり（その価格を50万円とする）、自動車会社が独自に生産した価値ではない。したがって、自動車会社が新たに付け加えた価値は、（150万円－50万円＝）100万円になる。これが付加価値であり、それらを合計したものがGDPとなる。
　　付加価値＝総生産額（売上）－中間投入額（原材料の仕入額）
　①GDPに計上するもの
　　(a)農家の自家消費分…市場で販売するといくらの価格になるか → 帰属計算
　　(b)持ち家から得られる家賃収入…人に貸すといくらの家賃収入になるか → 帰属計算
　　(c)公共財の生産費用
　　(d)会社からの現物給付（定期券、食券など） → 帰属計算
　②GDPに計上しないもの
　　(a)主婦の家事労働

(b)家庭菜園

(c)土地や株の値上がり益（キャピタル・ゲイン）

(d)中古車や中古住宅などの販売額…ただし、販売会社の手数料収入は計上する。

⑵NDP（Net Domestic Product：国内純生産）

〔定義〕　NDP＝GDP－固定資本減耗(減価償却)

〔固定資本減耗とは〕

　財を生産するための機械や設備は、生産活動にともなって破損や磨耗して価値が低下していく。この低下した分が固定資本減耗である（＝価値の損失分）。

〔重要ポイント〕

　GDP と NDP は市場で決められた価格から計算されるので、〝市場価格表示〟と呼ばれる。

⑶DI（Domestic Income：国内所得）

〔定義〕　DI＝NDP－間接税＋補助金＝NDP－（間接税－補助金）

　例えば、ビールの価格の中には酒税が上乗せされており、その分高くなっている（さらに消費税がとられる）。一方、標準米などは、政府が米農家から実勢価格よりも高く買い取り、消費者には安く販売している。政府は、買取価格と販売価格の差額分を補助金で補っている。したがって、現実の価格としてとらえるには、補助金分を加えなければならない。

⑷GDE（Gross Domestic Expenditure：国内総支出）

〔定義〕　GDE＝個人消費C＋民間投資I＋政府支出G＋輸出X－輸入M＝GDP

　生産されたものは販売されなければ売上げにはならず、販売されるということは、最終的に購入のためにだれかがお金を支出している。「だれが財を購入するためにお金を支出するのか」の面から国民所得の大きさをとらえたものが GDE である。

A01　正解－3

1－誤　10％の仲介手数料は GDP に計上されるが、土地の代金は付加価値ではないので、GDP に計上されない。

2－誤　絵画や株式などの資産の取引は GDP に計上されないが、その仲介手数料は GDP に計上される。

3－正　GDP は財・サービスの「付加価値」の合計額である。

4－誤　サラリーマンなどが、販売目的ではなく、家庭菜園などで自家消費を目的として栽培したものは GDP に計上されない。

5－誤　日本から派遣された日本人労働者が得た所得は、海外からの要素所得なので、GDP に計上されない。

Q02 国民総生産の定義

問 国民経済計算に関する次の記述のうち、妥当なものはどれか。 （地方上級）

1 国民総生産は国内において生産された付加価値から、外国人が国内の企業に出資したり雇用されたりした分に相当する付加価値を差し引いたものである。

2 国内総生産は国内において生産された付加価値と、国内に居住する人々が海外に出資した分に相当する付加価値との合計である。

3 意図せざる売れ残りによる在庫品の増加は、国民が購入しなかったものであるから国内総支出には計上されない。

4 国内総生産には、海外に住宅を所有する家計も自己の住宅を賃貸しているとみなされ帰属家賃として計上する。

5 国内総支出は、国内における最終消費支出・総固定資本形成・在庫品増加の合計に純輸出を加えたものである。

PointCheck

● GNI（Gross National Income：国民総所得）　　　　　　　　　【★★☆】
(1)GNI（国民総所得）：日本人が1年間で生産した付加価値の合計
(2)NNI（国民純所得）：GNIから固定資本減耗を除いたもの
(3)NI（国民所得）：NNIから間接税を引き補助金を加えたもの

● GDP と GNI の関係　　　　　　　　　　　　　　　　　　　【★★★】
　GDPの正確な定義やその例外項目は頻出しているので、しっかり理解しよう。さらに、GDPとGNI（旧GNP）との違いについても出題されているので要注意。
　GNI(国民総所得)：国内・海外を問わない → **日本人が生み出した付加価値を計上**
　GDP(国内総生産)：日本人・外国人を問わない → **日本国内で生み出された付加価値を計上**
　GDP＝GNI－海外からの要素所得受取＋海外への要素所得支払
　　　＝GNI－**海外からの純要素所得受取**＝GDE（国内総支出）
　要素所得：(a)海外債券から得られる利息
　　　　　　(b)1年未満の海外就労による報酬

●国民経済計算の重要公式･･･【★★★】

(1)GDP＝GDE
　　　　＝民間最終消費支出(C)＋国内総固定資本形成(I)(＋在庫品増加)
　　　　＋政府最終消費支出(G)＋輸出(X)－輸入(M)

　国内総固定資本形成：固定資本形成とは〝投資〟を意味し、総とは、民間＋政府投資の合
　　　　　　　　　　　計ということから、国内のすべての投資ということになる。

　在庫品：在庫品には、意図した在庫と意図せざる在庫とがあるが、どちらも付加価値を作
　　　　　り出したものなので、すべてGDPに計上する（在庫は在庫投資として、投資に
　　　　　分類される）。

(2)NDP＝GDP－固定資本減耗

(3)DI＝NDP－間接税＋補助金
　　　＝雇用者報酬(賃金)＋営業余剰(利潤)

　＊DIは出題されることが少ない。

(4)NI＝NDP－間接税＋補助金＋海外からの純要素所得
　　　＝雇用者報酬(賃金)＋営業余剰(利潤)＋海外からの純要素所得

(5)旧GNP(国民総生産)＝GNI(国民総所得)

A02　正解－5

1―誤　国民総生産（GNP ＝ GNI）は、自国民によって海外において生産された付加
　　　価値も含む。

2―誤　国内に居住する人々の海外への出資分は、海外からの要素所得の受取りになる
　　　のでGDPには含まない。

3―誤　在庫品は意図せざるものであろうと、意図したものであろうとGDE（＝国内
　　　総支出）に含まれる。

4―誤　GDPは国内においてのみ生み出された付加価値なので、海外に所有する住宅
　　　からの帰属家賃は海外からの要素所得の受取りになるため、GDPには含まれ
　　　ない。

5―正　国内総支出（GDE）＝最終消費支出＋総固定資本形成＋在庫品増加＋輸出－輸
　　　入である（輸出－輸入＝純輸出）。

Q03 国民経済計算

問 次の表の数値から雇用者報酬（所得）を求めるといくらになるか。 （地方中級改題）

民間最終消費支出	2500
政府最終消費支出	400
営業余剰	1000
固定資本減耗	600
国内総固定資本形成	1500
在庫品増加	20
間接税	360
補助金	40
財貨・サービスの輸出	650
財貨・サービスの輸入	600

1 2550
2 2940
3 3670
4 4060
5 4480

PointCheck

●国民経済計算の計算問題 **繰り返し確認** ‥‥‥‥‥‥‥‥‥‥‥‥‥‥‥‥ 【★★☆】

　国民経済計算の計算問題は、文章題とともに頻出となっている。定義式（公式）を1つ1つ確実にマスターしたら、相互の関係性についてもイメージすることが大切である。最近は、GDP関連だけでなく、旧GNP統計の指標も出題されている。

(1)GDP

GDP＝NDP＋固定資本減耗(減価償却)

DI＝NDP－間接税＋補助金

　＝NDP－純間接税　（純間接税＝間接税－補助金）

　＝雇用者報酬(賃金)＋営業余剰(利潤)　（＊要素費用表示）

GDE＝民間消費＋投資(＋在庫)＋政府消費支出＋輸出－輸入＝GDP

$$\begin{cases} 投資＝国内総固定資本形成 \\ 純輸出＝輸出－輸入 \end{cases}$$

(2)GNI (旧GNP)とNIの関係

旧GNP＝GNI

NNP（国民純生産）＝NNI（国民純所得）＝GNI－固定資本減耗

NI＝NNP－間接税＋補助金

　＝雇用者報酬＋営業余剰

(3)GDPとNIの関係

$$GDP = GNI - 海外からの要素所得受取 + 海外への要素所得支払$$
$$= GNI - 海外からの純要素所得$$
$$NI = GDP - 固定資本減耗 - 間接税 + 補助金 + 海外からの純要素所得$$
$$= NDP - 間接税 + 補助金 + 海外からの純要素所得$$
$$(海外からの純要素所得 = 海外からの要素所得受取 - 海外への要素所得支払)$$

●三面等価の原則 …………………………………………………【★★☆】

生産GDP＝支出GDP＝分配GDP

生産GDP（生産された財・サービス）は、すべて販売されることになる。このことから、支出GDP（国内総支出GDE）と等しくなる。その前提として、支出額と同じ大きさの所得が存在したはずである。すなわち、分配GDP（国内総所得GDI）である。以上より、生産と支出と分配の3つの面で、必ず等しくなることを三面等価の原則という。

生産GDP	民間企業の生産		政府・その他の生産	
支出GDP	民間消費	民間粗投資（在庫品増加）	政府支出	輸出－輸入
分配GDP	雇用者報酬（賃金）	営業余剰（利潤）	間接税－補助金	固定資本減耗
国内所得DI	雇用者報酬（賃金）	営業余剰（利潤）		

A03　正解－1

雇用者報酬を求めるには、営業余剰が与えられていることから、国内所得（DI）あるいは国民所得(NI)を求めればよい（海外の要素所得は与えられていないので考慮しない。GDP＝GNI、DI＝NIとなる）。

したがって、以下の式のように求めていく。

$$DI(NI) = 雇用者報酬 + 営業余剰$$
$$= NDP - 間接税 + 補助金$$
$$NDP = GDP - 固定資本減耗$$

しかし、この問題では、NDPが与えられていないので、

GDP＝GDE＝消費＋投資(＋在庫)＋政府＋輸出－輸入を使う。

GDE＝2500＋1500＋20＋400＋650－600＝4470＝GDP

∴ NDP＝GDP－固定資本減耗＝4470－600＝3870

DI（NI）＝NDP－間接税＋補助金＝3870－360＋40＝3550

∴ 雇用者報酬＝DI－営業余剰＝3550－1000＝2550

Q04 国民総生産と国民所得

問 国民経済計算の諸概念について以下の値が与えられたとき、国内総生産と国民所得の値の組合せとして妥当なものはどれか。 (国家一般)

最終消費支出	250	財・サービスの輸入	40
総固定資本形成	120	海外からの要素所得の受け取り	10
在庫品増加	5	間接税－補助金	30
財・サービスの輸出	60	固定資本減耗	50
海外への要素所得の支払	15		

	国内総生産	国民所得
1	390	310
2	390	315
3	395	310
4	395	325
5	395	330

PointCheck

●国民経済計算　　繰り返し確認　・・・【★★☆】

(1)国民経済計算体系のまとめ

①GDP：日本国内で生み出した「付加価値の総額」

②NDP：GDP－固定資本減耗

③DI：NDP－間接税＋補助金

　　＝雇用者所得(賃金)＋営業余剰(利潤)

④GDE：個人消費(C)＋民間投資(I)＋政府支出(G)＋輸出(X)－輸入(M)＝GDP

　　＊投資は総固定資本形成ともいう。在庫も含む。

⑤GDP：GNI－ 海外からの要素所得受取＋海外への要素所得支払

　　　＝GNI－ 海外からの純要素所得

⑥三面等価の原則：生産GDP＝支出GDP＝分配GDP

⑦NI＝NDP－間接税＋補助金＋海外からの純要素所得

　　＊DIよりもNIが出題されることが多い。

(2) 三面等価の原則

①生産GDP＝国内総生産額－中間投入額

②支出GDP＝民間最終消費支出＋国内総固定資本形成＋在庫品増加＋政府最終消費支出
　　　＋輸出－輸入

③分配GDP＝雇用者報酬＋営業余剰＋固定資本減耗＋間接税－補助金

▼三面等価

①生産GDP＝②支出GDP＝③分配GDP

ただし、三面等価の原則は、統計上、つねに成立するものだが、現実の経済が均衡しているとは限らない。

●**各経済指標の関係表**

	付加価値の合計		固定資本減耗	－間接税
		海外から純要素所得	を除く	＋補助金
国内の生産	GDP＝GDE	含まない	NDP	DI
国民の生産	GNI（旧GNP）	含む	NNI	NI
	市場価格表示		要素費用表示	

第1章

第2章

第3章

第4章

第5章

第6章

第7章

第8章

A04 正解－3

この問題では、政府部門は捨象されているので考慮しない。また、問題によっては使用しない項目もある場合もあるので注意して公式にあてはめる。

GNI ＝250＋120＋5＋60＋10－40－15＝390

GDP＝GNI－海外からの要素所得の受取＋海外への要素所得の支払

＝390－10＋15＝395

国民所得（NI）＝GNI－固定資本減耗－（間接税－補助金）

＝390－50－30＝310

Q05 産業連関表

問 農業と工業の2部門からなる経済の産業連関表が次のように示されるとする。この国の国内総生産はいくらか。 (地方上級改題)

投入＼産出		農業	工業	最終需要		産出合計
				国内需要	純輸出	
農業		5	20	90	−15	100
工業		15	200	165	20	400
付加価値	賃金	40	120			
	利潤	10	50			
	地代	30	10			
投入合計		100	400	(単位：兆円)		

1 240兆円　　**2** 255兆円　　**3** 260兆円　　**4** 275兆円　　**5** 500兆円

PointCheck

◉産業連関表‥‥‥‥‥‥‥‥‥‥‥‥‥‥‥‥‥‥‥‥‥‥‥‥‥‥‥‥‥‥‥‥‥‥‥‥‥【★★☆】

(1)産業連関表とは

　現実の企業や産業は、1社だけで財をすべて完成させることはできない。相互に取引関係を結びながら生産活動を営んでいるわけである。例えば、自動車の需要が増え、自動車産業が拡大すると、ボディーを製造する鉄鋼業やタイヤ製品工業、さらにはカーナビを生産する家電産業などに需要の拡大が波及していくのである。一見あまり関係がなさそうな産業部門にも、直接的または間接的に関連していくのが現実である。

　このように、**産業間相互に取引された財・サービスの流れを一覧表にまとめたもの**が「産業連関表」である（1941年 W. レオンチェフが開発）。

(2)産業連関表の例

　政府機関が利用する正式な産業連関表では、産業を72部門や164部門に分けて分析するが、ここでは、単純な2部門モデル（農業部門と工業部門）で説明していく（基本の作りや考え方は全く同じ）。

投入＼産出		中間生産物の需要		最終需要	総産出額
		農業	工業		
中間投入	農業	30	40	30	100
	工業	20	100	80	200
付加価値		50	60	(単位：兆円)	
総投入額		100	200		

(3)表の用語説明

　　産出＝需要 → 販売額　　　　投入＝供給 → 仕入額
　　中間投入＝産業間の中での取引額(企業間取引)

最終需要＝一般の市場で販売された総額＝国内総支出(GDE)＝C＋I＋G＋X－M

付加価値＝企業の売上から原材料費(＝中間投入)を差し引いた賃金＋利潤

　　　　(原材料の仕入コストである中間投入を超えて、財の価値を高めた部分)

⑷表の特徴

　①総産出額と総投入額はつねに等しい → 総需要＝総供給(縦の合計＝横の合計)

　②投入係数（比率）は不変（固定的） → 後述の説明参照

⑸表の読み方

　①農業部門・投入の例（縦を読む）

　　農業部門は全部で 100 兆円の仕入（中間投入を含む）をした。

農業
30
20
50
100

〈内訳〉(a)同じ農業部門から 30 兆円仕入れた（苗や種など）。

　　　　(b)業種の異なる工業部門から 20 兆円仕入れた（耕運機・コンバイン・化学肥料など）。

　　　　(c)売れるためのコメとして育てた（50 兆円分の付加価値）。

　　　　(d)総投入額＝100 兆円

　　　　　・工業部門も同様に考える(総投入額)＝200 兆円

　②工業部門・産出の例（横に読む）

　　工業部門は全部で 200 兆円分の販売（産出）をした。

工業	20	100	80	200

〈内訳〉(a)工業部門は、業種の異なる農業部門に 20 兆円販売した（耕運機・肥料など）。

　　　　(b)工業部門は、同じ工業部門に 100 兆円販売した（電気機械など企業間取引）。

　　　　(c)企業間取引以外での市場で、最終消費財として 80 兆円分が販売された。

　　　　(d)総産出額＝200 兆円

　　　　　・農業部門も同様に考える(総産出額)＝ 100 兆円

〔産業連関表から GDP の値を引き出す公式〕

GDP＝付加価値の合計＝50(農業)＋60(工業)＝110兆円

国内総支出GDE (C＋I＋G＋X－M)＝最終需要＝30(農業)＋80(工業)＝110兆円

A05　正解－3

①生産面から GDP を求める。GDP ＝付加価値の総額＝各部門の付加価値を合計、

　∴　GDP＝農業(40＋10＋30)＋工業(120＋50＋10)＝260兆円

②支出面からGDPを求める。

　国内総支出(GDE)＝各部門の最終需要の合計＝農業(90－15)＋工業(165＋20)

　　　　　　　　　　＝260兆円(＝GDP)

Q06 産業連関表の構造

問 AおよびBの2つの産業からなる産業連関表において、投入係数の値が次のように与えられている。ここで、各産業の総産出量が、産業Aは300、産業Bは200であるとするとき、各産業の付加価値の組合せとして正しいものはどれか。 （国家一般）

	産業A	産業B
1	52	40
2	72	60
3	84	56
4	184	132
5	216	100

投入＼産出	産業A	産業B
産業A	0.04	0.20
産業B	0.24	0.30

PointCheck

●産業連関表と投入係数‥‥‥‥‥‥‥‥‥‥‥‥‥‥‥‥‥‥‥‥‥‥【★★☆】

産業連関表の出題としては、2つの論点がある。1つは、GDP等の大きさを求めさせるもので、もう1つは、投入係数比率を利用した計算問題である。産業連関表の仕組みをしっかり頭に入れて、計算パターン練習をしておくことが大切である。

⑴投入係数（比率）

〔定義〕

投入係数とは、各産業の生産物を1単位あたり生産するのに必要な中間投入額の比率である。

（各部門の中間投入額÷総投入額） （固定的）

具体的には、以下のように割り算をすればよい。

	農業	工業
農業	30	40
工業	20	100
総投入額	100	200

→

	農業	工業
農業	30/100	40/200
工業	20/100	100/200
総投入額	100	200

↓

	農業	工業
農業	3/10	1/5
工業	1/5	1/2

（投入係数表…小数でもよい）

(2)産業連関表の構造

固定的な投入係数をもとにして、各部門の産出量(販売量)の合計(=横の合計)を式の形で表してみよう。

投入＼産出		中間生産物の需要		最終需要	総産出額
		農業	工業		
中間投入	農業	30	40	30	100
	工業	20	100	80	200
付加価値		50	60		
総投入額		100	200		

・農業部門　　　　30　　　＋　　40　　＋　30 ＝ 100
　　　　　　　　　↓　　　　　↓　　　　↓　　↓
　　　　　(3/10)×100 ＋ (1/5)×200 ＋ 30 ＝ 100

・工業部門　　　　20　　　＋　　100　　＋ 80 ＝ 200
　　　　　　　　　↓　　　　　↓　　　　↓　　↓
　　　　　(1/5)×100 ＋ (1/2)×200 ＋ 80 ＝ 200

という形になる。これを、さらに一般的な形にするために、文字式を使って表してみよう。

農業部門：総産出量＝X_1(＝100)、　最終需要＝F_1(＝30)
工業部門：総産出量＝X_2(＝200)、　最終需要＝F_2(＝80)
　↓
農業部門：$(3/10)X_1+(1/5)X_2+F_1＝X_1$
工業部門：$(1/5)X_1+(1/2)X_2+F_2＝X_2$

A06　正解－5

投入＼産出	産業A	産業B	最終需要	総産出額
産業A	a	c	F_a	$X=a+c+F_a$
産業B	b	d	F_b	$Y=b+d+F_b$
付加価値	V_a	V_b		
総投入額	$X=a+b+V_a$	$Y=c+d+V_b$		

産業連関表は、図のように縦の合計と横の合計が等しくなる。つまり、総投入量(仕入額)＝総産出量(販売額)となる。ここで、与えられた投入係数から、

　　　　　　　産業A 産業B
産業A　$\{$ a/X, c/Y $\}$　$＝$　$\{$ 0.04, 0.20 $\}$
産業B　$\{$ b/X, d/Y $\}$　　　$\{$ 0.24, 0.30 $\}$

$a/300=0.04$　より　$a=12$　　同様に、$b=72$、$c=40$、$d=60$
したがって、総投入量の式から

(産業A)＝$a+b+V_a=300$　$12+72+V_a=300$　よって、$V_a=216$
(産業B)＝$c+d+V_b=200$　$40+60+V_b=200$　よって、$V_b=100$

Q07 国内総生産

問 GDP（国内総生産）に関する次の記述のうち、妥当なのはどれか。 （国家一般）

1 GDPは、国内のあらゆる生産高（売上高）を各種経済統計から推計し、これらを合計したものである。例えば、農家が小麦を生産してこれを1億円で製造業者に販売し、製造業者がこれを材料にパンを製造して3億円で消費者に販売すれば、これらの取引でのGDPは4億円となる。

2 GDPは「国内」での経済活動を示すものであるのに対し、GNI（国民総所得）[注]は「国民」の経済活動を示すものである。GDPでは、消費、投資、政府支出等の国内需要が集計され、輸出、輸入は考慮されないのに対して、GNIはGDPに輸出を加え、輸入を控除したものとして算出される。

3 GDPは原則として、市場でのあらゆる取引を対象とするものであるが、中古品の売買は新たな富の増加ではないから、仲介手数料も含めてGDPには計上されない。一方、株式会社が新規に株式を発行したような場合にはその株式の時価総額がGDPに計上される。

4 GDPに対してNDP（国内純生産）という概念がある。市場で取引される価格には間接税を含み補助金が控除されているので、GDPが、間接税を含み補助金を除いた価格で推計した総生産高であるのに対し、NDPはGDPに補助金を加えて間接税を控除したものとして算出される。

5 市場取引のない活動は原則としてGDPには計上されない。例えば、家の掃除を業者に有償で頼めばその取引はGDPに計上されるが、家族の誰かが無償で掃除をしてもGDPには関係しない。ただし、持ち家については、同様の借家に住んでいるものとして計算上の家賃をGDPに計上している。

[注] GNI（国民総所得）は93SNA上の概念であり、68SNAでのGNP（国民総生産）に該当する。

PointCheck

●国民経済計算 繰り返し確認 ·· 【★★★】

(1)GDP（国内総生産）

日本国内で（1年間で）生産された財・サービスの付加価値の総額。

付加価値＝総生産額（売上）－中間投入額（原材料の仕入額）

＊GDPの例外項目

①GDPに計上するもの

(a)農家の自家消費分　(b)持ち家からの家賃収入　(c)公共財　(d)医療費の保険負担分

〔医療費の健康保険負担額について〕

例えば、1万円の医療を受けたときは、受診者が3割負担の保険証を持っていれば、病院の窓口で3000円支払うことになる。この3000円は市場を経由しているととらえ、

第1章

第2章

第3章

第4章

第5章

第6章

第7章

第8章

GDPに計上されるが、差額の7000円は保険から支払われることになる。サービスの総額は1万円なので、保険分は帰属計算されて、「政府最終消費支出」に計上される。

②GDPに計上しないもの

　(a)主婦の家事労働　(b)家庭菜園　(c)キャピタル・ゲイン　(d)中古車や中古住宅の販売額

〔「公害」について〕

　現実の経済では負の要因となって不経済を発生させることになるが、市場での取引は行われないことから、GDPには計上しない（以前に、GDPの類似した経済指標に算入しようと試みられたことはあった）。

(2)GNI（国民総所得）

旧GNPがGNIに改訂されたもの（旧GNP＝GNI）。

　GDP＝GNI(旧GNP)－海外からの要素所得受取＋海外への要素所得支払

　　　＝GNI－（海外からの要素所得受取－海外への要素所得支払）

　　　＝GNI－海外からの純要素所得

　要素所得：(a)海外債券からの利子（受取）

　　　　　　(b)1年未満の海外就労での収入

Level up
Point!　国民経済計算は、国家一般や地方上級で過去に多く出題されており、文章題や計算問題とともに年々高度になってきている。それでも、GDPの例外項目や各経済指標の定義（式）と、その関連についてきっちりとした理解ができていれば、得点源となる分野でもあるので、しっかりマスターしておくことが大切になる。

A**07**　正解ー5

1ー誤　GDPは生産高の合計ではなく、生産高から中間投入額を差し引いた付加価値の合計である。

2ー誤　GDPもGNIも、消費、投資、政府支出等の国内需要だけを集計したものではなく、輸出と輸入の差額である外需も算入される。

3ー誤　中古品の売買額はGDPに計上しないが、その仲介手数料はGDPに計上する。株式の時価総額は資産取引なのでGDPには計上されない。

4ー誤　NDPはGDPから固定資本減耗（減価償却）分を差し引いた付加価値額である。

5ー正　持ち家から得られる家賃収入は、帰属計算から求められる。

Q08 国民所得の諸概念

問 次の表は、ある国の経済活動の規模を表したものであるが、この場合における空所A ～Cの値の組合せとして、妥当なのはどれか。

(地方上級)

国内総生産	515
国民純生産（市場価格表示）	420
国民所得（要素費用表示）	385
民間最終消費支出	〔 A 〕
政府最終消費支出	85
国内総資本形成	140
財貨・サービスの純輸出	5
海外からの所得の純受取	5
固定資本減耗	〔 B 〕
生産・輸入品に課される税（間接税）	40
補助金	〔 C 〕

	A	B	C
1	285	100	5
2	250	75	10
3	250	100	10
4	285	75	5
5	250	100	5

PointCheck

●**国民経済計算** 〔繰り返し確認〕 ･････････････････････････････････ 【★★★】

⑴**国民所得の諸概念**

　①GDP関連

　　(a)GDP＝総生産額－中間投入額＝付加価値の総額　＊日本の場合は、日本国内

　　(b)NDP＝GDP－固定資本減耗

　　(c)DI＝NDP－間接税＋補助金＝NDP－（間接税－補助金）＝NDP－純間接税

　　　本来、DIは経済活動に寄与した結果、分配されることから、

　　　　DI＝雇用者報酬（賃金）＋営業余剰（利潤）

　　　GDPとNDPは市場価格表示であり、DIは要素費用表示である。

　　(d)GDE＝C＋I＋G＋X－M＝GDP

　　　（投資Iには、在庫品の増加があれば含める）

　②GNP関連（旧統計）

　　現在GNP統計は発表されておらず、GNIに変更されたが、GNPとして表す。

　　(a)GNP＝総生産額－中間投入額＝付加価値の総額　＊日本の場合は、日本人全体

第1章

第2章

第3章

第4章

第5章

第6章

第7章

第8章

 (b)NNP＝GNP－固定資本減耗

 (c)NI＝NNP－間接税＋補助金＝NNP－(間接税－補助金)＝NNP－純間接税

  ＝雇用者報酬(賃金)＋営業余剰(利潤)

③GDP関連とGNP関連（重要）

 (a)GDP＝GNP－海外からの要素所得の受取＋海外への要素所得の支払

  ＝GNP－(海外からの要素所得の受取－海外への要素所得の支払)

  ＝GNP－海外からの純要素所得　（∴　GNP＝GDP＋海外からの純要素所得）

 (b)NI＝ NDP－間接税＋補助金＋海外からの純要素所得

④三面等価の原則

 経済活動は、生産面・分配面・支出面の３つの面からとらえられる。

$$\begin{cases} 生産面 → 国内総生産(GDP) \\ 分配面 → 国内総所得(GDI) \\ 支出面 → 国内総支出(GDE) \end{cases}$$

 これらの３者が、統計上あるいは事後的に、つねに等しくなる関係を、「三面等価の原則」
という（ただし、現実の経済が均衡しているとは限らない）。

Level up Point!　マクロ経済学分野において、国民経済計算は頻出分野であり、どのような側面から出題されて
も、正確に解を導出できるようにしておくことが大切だ。それには、さまざまな定義式を自分で
構成できる力を身につけておく必要がある。上記の重要公式は確実に使いこなせるようにする。

A08　正解―1

A＝民間最終消費支出(C)を求める。

 GDP＝GDE＝C＋I＋G＋X－Mより、

 515＝C＋140＋85＋5

よって、

 民間最終消費支出 **A**＝285

B＝固定資本減耗を求める。

 NNP＝GNP－固定資本減耗より、GNPの大きさがわかれば求められる。

 GDP＝GNP－海外からの純要素所得受取

よって、515＝GNP－5　∴　GNP＝520

これにより、固定資本減耗 **B**＝520－420＝100

C＝補助金を求める。

 NI＝NNP－間接税＋補助金より

 385＝420－40＋補助金　∴　補助金 **C**＝5

Q09 物価指数

問 基準年次における A 商品の価格を 80、その取引量を 40、B 商品の価格を 70、その取引量を 160 とする。比較年次において、A 商品の価格は 120、その取引量は 110 に、B 商品の価格は 100、その取引量は 140 に変化した。このとき、ラスパイレス式による物価指数として、妥当なものはどれか。

ただし、小数点以下は四捨五入する。 (地方上級)

1　142
2　144
3　146
4　148
5　150

PointCheck

●**物価指数**　理解を深める ……………………………………………………【★★☆】

物価指数とは、ある基準年の物価の大きさを 100 とおいて、比較対象となる年度の物価の大きさを相対的に表した指標である。価格が個別の財の値段に対して、物価は、マクロ的な意味でのさまざまな価格の（加重）平均値を表している。物価指数は、加重平均の違いから以下の 2 つに区分される。

(1)ラスパイレス型物価指数(L)

ラスパイレス型の特徴は、基準年次の数量を比較年次でも共通に使用して、指数を求める方法になる。

〔一般式〕

$$L=\frac{\Sigma P_1 x_0}{\Sigma P_0 x_0}\times 100 \quad \left(\begin{array}{l} P_0：基準年の価格、x_0：基準年の数量 \\ P_1：比較年の価格、x_1：比較年の数量 \end{array} \right)$$

〔参考〕数式でのイメージが苦手な場合（2 財モデル）

$$L=\frac{（比較年の価格×基準年の数量）+（比較年の価格×基準年の数量）}{（基準年の価格×基準年の数量）+（基準年の価格×基準年の数量）}\times 100$$

＊ラスパイレス型物価指数は、「消費者物価指数(CPI)」の算出に利用されている。

(2)パーシェ型物価指数(P)

パーシェ型物価指数は、基準年と比較年の数量について、共通に比較年の数量を使用して算出される指標である。

〔一般式〕

$$P=\frac{\Sigma P_1 x_1}{\Sigma P_0 x_1}\times 100$$

問題でPoint を理解する

Level 2 Q09

第1章
第2章
第3章
第4章
第5章
第6章
第7章
第8章

〔参考〕数式でのイメージが苦手な場合（2財モデル）

$$P = \frac{(比較年の価格 \times 比較年の数量) + (比較年の価格 \times 比較年の数量)}{(基準年の価格 \times 比較年の数量) + (基準年の価格 \times 比較年の数量)} \times 100$$

＊パーシェ型物価指数は、GDPデフレーターの作成に利用されている。現在は、GDPデフレーターは、パーシェ型ではあるが、連鎖型物価指数で作成されている。

知識を広げる

GDP デフレーター

これは、名目GDPから実質GDPの大きさを測定するために作成される物価指数の一種である（ただし、事後的に算出される）。

$$GDPデフレーター = \frac{名目GDP}{実質GDP} \times 100$$

Level up Point!

物価指数は、名目GDPと実質GDPなど、名目値と実質値とを区分するための指標である面と、物価の変化そのものをとらえるための重要な指標にもなっている。過去に何度か出題されているので要注意の分野である。

A09   正解ー2

		A 商品	B 商品
基準年次	価格	80	70
	取引量	40	160
比較年次	価格	120	100
	取引量	110	140

この資料より、ラスパイレス式による物価指数は、

$$L = \frac{120 \times 40 + 100 \times 160}{80 \times 40 + 70 \times 160} \times 100 = \frac{20800}{14400} \times 100 = 144.44 \fallingdotseq 144$$

〔参考〕パーシェ型物価指数

$$P = \frac{120 \times 110 + 100 \times 140}{80 \times 110 + 70 \times 140} \times 100 \fallingdotseq 146$$

Q10 産業連関表

問 次の表は2部門からなる産業連関表を示している。今第1部門の最終需要が5増加した場合に、雇用量はいくら増加するか。ただし、投入係数は固定されているものとする。

(国家一般)

投入＼産出	中間需要 第1部門	中間需要 第2部門	最終需要	産出量
第1部門	10	10	20	40
第2部門	10	0	10	20
雇用量	40	20		

1 5
2 10
3 15
4 20
5 25

PointCheck

●産業連関表・・【★★★】

産業1と産業2で構成される産業連関表で考えてみる。

投入＼産出	産業1	産業2	最終需要	産出合計
産業1	15	30	5	50
産業2	10	10	20	40

このとき、産業1の最終需要が15増えると、産業全体で産出量はいくら増えるか。
↓

産業連関表の計算問題では、最終需要の変化が産出量にどのくらい影響を与えるかを計算させる問題が主流である。産業連関表の特徴の1つである投入係数比率が固定的であることを前提として、文字式を作り、連立方程式を解けば求められる。

$$投入係数比率＝\frac{中間投入量}{投入総額}$$

上記の産業連関表には、直接総投入量は入っていないが、もう1つの特徴である、「各部門ごとに、投入総額と産出総額とは必ず等しくなる」ことを利用する。

$$\begin{array}{cc} & \begin{array}{cc}産業1 & 産業2\end{array} \\ \begin{array}{c}産業1 \\ 産業2\end{array} & \begin{pmatrix} 15 & 30 \\ 10 & 10 \end{pmatrix} \\ (投入総額) & \begin{array}{cc}\overline{50} & \overline{40}\end{array} \end{array} \longrightarrow \begin{array}{cc} & \begin{array}{cc}産業1 & 産業2\end{array} \\ \begin{array}{c}産業1 \\ 産業2\end{array} & \begin{pmatrix} 15/50 & 30/40 \\ 10/50 & 10/40 \end{pmatrix} \end{array} \longrightarrow \begin{array}{cc} & \begin{array}{cc}産業1 & 産業2\end{array} \\ \begin{array}{c}産業1 \\ 産業2\end{array} & \begin{pmatrix} 3/10 & 3/4 \\ 1/5 & 1/4 \end{pmatrix} \\ & (投入係数比率) \end{array}$$

問題でPoint を理解する
Level 2 Q10

第1章
第2章
第3章
第4章
第5章
第6章
第7章
第8章

(産業1)→ 産出合計＝X_1、最終需要＝Y_1
(産業2)→ 産出合計＝X_2、最終需要＝Y_2　とおくと、

$$\begin{cases} (産業1)：3/10X_1+3/4X_2+Y_1=X_1\cdots\cdots① \\ (産業2)：1/5X_1+1/4X_2+Y_2=X_2\cdots\cdots② \end{cases}$$

ここからは、問題の設定に従って①②を解いていくことで求められる。

$$\begin{cases} X_1=2Y_1+2Y_2 \\ X_2=8/15Y_1+28/15Y_2 \end{cases}$$

よって変化分の式に直して、

$$\begin{cases} \varDelta X_1=2\varDelta Y_1+2\varDelta Y_2=2\times15+2\times0=30 \\ \varDelta X_2=8/15\varDelta Y_1+28/15\varDelta Y_2=8/15\times15+28/15\times0=8 \end{cases}$$

Level up Point!　産業連関表は、国民経済計算の分野での重要な論点だが、頻出分野ではない。しかし、周期的に出題されており、GDP 等の大きさを求めさせる問題ではなく、固定的投入係数比率を用いての計算問題が主流である。地方上級レベルで出題されるときは、難易度が高くなるので要注意だ。

A10　正解－2

投入係数比率を求める。
＊雇用量と投入量(＝産出量)とは内容が違うので注意。

	第1	第2			第1	第2
第1	10	10	→	第1	1/4	1/2
第2	10	0		第2	1/4	0
(投入)	40	20				

第1部門の産出量をX_1、最終需要をY_1、第2部門の産出量をX_2、最終需要をY_2とおくと、

$$\begin{cases} 1/4X_1+1/2X_2+Y_1=X_1\cdots\cdots① \\ 1/4X_1+0\cdot X_2+Y_2=X_2\cdots\cdots② \end{cases}$$

①×4より、$X_1+2X_2+4Y_1=4X_1$
　　　　∴　$3X_1=2X_2+4Y_1\cdots\cdots③$
②×4より、$X_1+4Y_2=4X_2$
　　　　∴　$X_1=4X_2-4Y_2\cdots\cdots④$
③④より、整理して、
　　$X_1=8/5Y_1+4/5Y_2\cdots\cdots⑤$
　　$X_2=2/5Y_1+6/5Y_2\cdots\cdots⑥$
最終需要と産出量が変化するので変化分をとって、

$$\begin{cases} \varDelta X_1=8/5\varDelta Y_1+4/5\varDelta Y_2 \\ \varDelta X_2=2/5\varDelta Y_1+6/5\varDelta Y_2 \end{cases}$$

ここで、$\varDelta Y_1=5$より、
　　$\varDelta X_1=8$　$\varDelta X_2=2$　この問題では、「産出量＝雇用量」より雇用の増加＝10

Level 1 p28～p39　Level 2 p40～p47

1 総需要関数(Y_d)とは

Level 1 ▷ **Q11,Q12**

　総需要関数(Y_d)とは、**一国全体で財・サービスを購入した場合の総額**である（ここでは政府支出(G)、輸出入（X・M）、租税(T)は考えない）。したがって、民間消費額(C)と民間投資額(I)との合計で表される。

　　　$Y_d＝C＋I$

　消費C：ケインズ型消費関数（消費は所得の大きさで決まる）

　　　$C＝cY＋C_0$（c：限界消費性向、C_0：基礎消費）

　＊限界消費性向：所得が1単位増えたとき増える消費(c)

　　　例：$C＝0.8Y＋10$

　投資I：独立投資(一定値)

　　　例：$I＝40$

　　　　$Y_d＝0.8Y＋50$

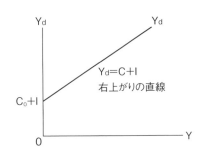

2 総供給関数(Y_s)とは

Level 1 ▷ **Q11,Q12**

　総供給関数(Y_s)とは、**一国全体の総生産額**(＝生産GDP)である。

　生産されたGDPは販売され、だれかの収入（所得）となり、所得は使われる（＝消費C）か、または使われないで残る（＝貯蓄S）。

　　　$Y_s＝C＋S$

　消費C：$C＝cY＋C_0$

　貯蓄S：$S＝(1－c)Y－C_0$　（$1－c$：限界貯蓄性向、C_0：基礎消費）

　＊限界貯蓄性向：所得が1単位増えたとき増える貯蓄($1－c$)

　　　これらを代入すると、$Y_s＝cY＋C_0＋(1－c)Y－C_0$

　　　よって、$Y_s＝Y$　となる。これが総供給関数である。

　＊$Y＝X$のグラフと同じ形であり、45度線と呼ばれる。

3 財市場の均衡(＝均衡国民所得)

Level 1 ▷ **Q11,Q12,Q14**

　$Y_d＝Y_s$で決まるY^*が均衡国民所得である。　▶ p28

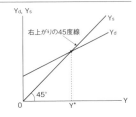

4 ギャップ分析

Level 1 ▷ **Q11,Q12**

完全雇用のとき実現される国民所得の大きさ(Y_F)と、総需要(Y_d)の大きさを比較するのがギャップ分析である。 ▶p29 ▶p31

①$Y_S = Y_F > Y_d \rightarrow$ **デフレ・ギャップ(不況・失業)**

②$Y_S = Y_F < Y_d \rightarrow$ **インフレ・ギャップ(物価の上昇)**

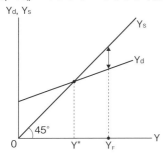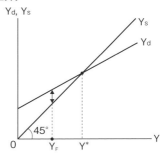

5 乗数

Level 1 ▷ **Q13,Q14**　Level 2 ▷ **Q17,Q18**

投資が1単位増加($\varDelta I$)したとき、国民所得が何単位増加($\varDelta Y$)するかの比率を乗数という(投資乗数)。 ▶p32 ▶p34

$$\varDelta Y = \frac{1}{1-c} \times \varDelta I \quad (投資の乗数式、c：限界消費性向)$$

(1)租税が一括固定税(定額税：T)の乗数式

政府支出乗数：$\varDelta Y = \dfrac{1}{1-c} \times \varDelta G$

租税乗数：$\varDelta Y = \dfrac{-c}{1-c} \times \varDelta T$

均衡予算乗数($\varDelta G = \varDelta T$)：$\dfrac{1}{1-c} + \dfrac{-c}{1-c} = \dfrac{1-c}{1-c} = 1$

(2)租税が所得比例税(T＝tY＋T_0)の乗数式

政府支出乗数：$\varDelta Y = \dfrac{1}{1-c(1-t)} \times \varDelta G$

租税乗数：$\varDelta Y = \dfrac{-c}{1-c(1-t)} \times \varDelta T_0$

均衡予算乗数($\varDelta G = \varDelta T_0$)：$\dfrac{1}{1-c(1-t)} + \dfrac{-c}{1-c(1-t)} = \dfrac{1-c}{1-c(1-t)} \fallingdotseq 1 \,(>0)$

（1ではないが、プラス）

6 消費関数論争（ケインズ VS クズネッツ）　Level 1 ▷ Q15　Level 2 ▷ Q19

(1)ケインズ型とクズネッツ型　▶p36
①ケインズ型消費関数（絶対所得仮説）
ケインズは、**消費Cは所得水準Yのみに依存**して決まるとした（右上がりの直線）。

$C = cY + C_0 \rightarrow C = 0.8Y + 40$（c：限界消費性向、$C_0$：基礎消費）

$$\frac{C}{Y} = c + \frac{C_0}{Y}\quad\left(\frac{C}{Y}：平均消費性向\right)$$

ケインズは、この**平均消費性向C/Yが長期的に低下していく**と考えた（Cの増加＜Yの増加：所得が増えるほどには消費は増えない）。この結果、資本主義経済は長期的に総需要が減少しつづけ停滞する（長期不況）。

②クズネッツ型
ケインズの予測が現実にあてはまっているのかを検証したのがクズネッツである。

結果は、　$C = cY \rightarrow C = 0.9Y$　∴　$C/Y = 0.9$（一定）

さらに、**切片C_0がない消費関数**となった。これが、ケインズ型と違ったので、その違いが何なのかを説明するために消費関数論争が起こった。

(2)デューゼンベリーの相対所得仮説　▶p36
デューゼンベリーは、消費は絶対的な所得だけでなく**2つの相対所得にも依存**するとした。
①空間的相対所得：同じような所得階層にいる他人の消費につられて、自分も商品を買ってしまう（＝デモンストレーション効果）。
②時間的相対所得：過去最高の所得水準での生活が身について、所得が減ってもある程度の生活維持のために消費をする（＝歯止め効果・ラチェット効果）。
　→ 消費の減少に歯止めをかける作用がある。

以上から消費関数を、

$C = cY + aC^*$（C^*：同一所得階層の平均値）

として、**C^*は短期的に一定なのでケインズ型と同じ**になる。しかし、**長期的にはC^*はYと比例して変化するので、C/Yも一定となりクズネッツ型と同じ**になると考えた。

(3)フリードマンの恒常所得仮説　▶p37　▶p44
フリードマンは、所得Yを恒常所得Y_Pと変動所得Y_Tに分けた（$Y = Y_P + Y_T$）。そして、**消費は恒常所得Y_Pで決まる**と考えた（$C = aY_P$）。
①恒常所得：現時点で予想される生涯所得の平均値
②変動所得：臨時収入

以上から、平均消費性向は、$C/Y = aY_P/(Y_P + Y_T)$ となり、**短期的には変動所得Y_Tが変化**するので、Y_Tが増加するとC/Yは低下していく（ケインズ型）。**長期的には変動所得は一定**なので、平均消費性向はaで一定となる（クズネッツ型）。

(4)モディリアーニ・安藤のライフ・サイクル仮説　▶p37
ライフ・サイクル仮説では、**消費は現在の所得ではなく生涯所得で決まる**とする。

ここで、ある人が就職してから退職までP年間に毎年Yの所得、就職後死ぬまでQ年間に毎年の消費額をCとすると、$C \times Q$（生涯消費額）$= P \times Y$（生涯所得）が成立する。また、この人にWの資産があるとすれば、$C \times Q = P \times Y + W$となり、$C = (P/Q) \times Y + W/Q$となる。

ここでP/Q＝a、W/Q＝bとおくと、 C＝aY＋bWとなり、平均消費性向C/Y＝a＋b×(W/Y)となる。

以上から、**短期的にはWは一定なので、Yの増加により平均消費性向は減少する（ケインズ型）。長期的にはYとWは比例的に増加するので平均消費性向は一定となる（クズネッツ型）。**

(5)トービンの流動資産仮説 ▶p37

トービンは、流動資産(M)(定期預金等)が消費に影響すると考え、消費関数に導入した。

C＝aY＋bM

これより、平均消費性向(C/Y)＝a＋(b×M)/Yとなる。

したがって、短期的には、Mは一定なのでYの増加は平均消費性向の減少となる（ケインズ型）。また、長期的には、Mはほぼ比例的になるので平均消費性向は一定となる（クズネッツ型）。

(6)消費関数論争の結論

①ケインズ型：短期の消費関数

②クズネッツ型：長期の消費関数

7 投資関数　　　　Level 1 ▷ Q16　Level 2 ▷ Q20

(1)ケインズの投資理論 ▶p38 ▶p46

I＝I(r) （利子率rの減少関数）

(2)加速度原理 ▶p38 ▶p46

加速度原理では、T期の純投資は生産(GDP)＝産出量(Y)の変化分に比例して決まる。

資本係数 K/Y(1単位の財を生産するのに、何単位の資本ストックKが必要かを表す比率)をvとすると、加速度原理による投資は以下のように示される。

$I_t = v(Y_t - Y_{t-1})$

(3)資本ストック調整原理 ▶p39 ▶p47

加速度原理の問題点を修正した投資理論が、資本ストック調整原理である。

企業が最適である(望ましい)と想定する資本ストック$(K_t{}^*)$と、現実の資本ストック(K_{t-1})との差を徐々に埋めていくのが、投資I_tである。

$I_t = \lambda(K_t{}^* - K_{t-1})$ （λ：調整係数(0＜λ＜1)）

(4)トービンのq理論 ▶p39 ▶p47

現実の企業の投資行動が、市場での評価と密接な関連があることに着目した投資決定論である。qとは、企業の市場価値と資本の再取得価格との比率であり、

$$q = \frac{企業の市場価値}{資本の再取得価格}$$

となる(q＞1のとき純投資が発生)。

Q11 ギャップ分析

総需要が消費と投資からなる経済で、完全雇用国民所得（Y_F）が 400 兆円であるとき、次の記述のうち妥当なものはどれか。ただし、消費関数を C = 0.6 Y + 40（単位は兆円）、投資を 80 兆円とする。

(地方上級改題)

1 Y_F においてはデフレ・ギャップが生じており、その金額は 100 兆円である。

2 Y_F においてはインフレ・ギャップが生じており、その金額は 40 兆円である。

3 Y_F においてはデフレ・ギャップが生じており、その金額は 40 兆円である。

4 Y_F においてはインフレ・ギャップが生じており、その金額は 100 兆円である。

5 Y_F においては均衡国民所得と一致している。

PointCheck

◉財市場の均衡とギャップ分析‥‥‥‥‥‥‥‥‥‥‥‥‥‥‥‥‥‥‥‥‥【★★★】

　財市場の均衡において、比較的出題の多い分野がギャップ分析である。完全雇用国民所得（Y_F）を基準として、経済状況を把握するもので、計算問題が出題されることが多い。

⑴財市場の均衡

財市場の均衡 → 総需要 Y_d ＝総供給 Y_s
　　　　　　→ 総需要関数と総供給関数とが一致する国民所得の大きさ

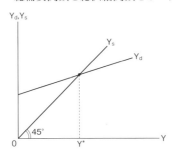

　財市場は $Y_d = Y_s$ で均衡し、そこで均衡国民所得（Y^*）も決まることになるが、一国の国民所得の大きさを「財市場を均衡させる国民所得の大きさ」ではなく、「すべての労働者が雇用されているときに実現される国民所得の大きさ」を比較の基準とすると、経済のギャップが考えられる。

　　完全雇用のときの国民所得の大きさ＝**完全雇用国民所得（Y_F）**
　　　　　一国最大の国民所得＝**最大の生産 GDP（総供給）** } ギャップ

⑵デフレ・ギャップ：経済は不況 → 生産の縮小 → 失業の増加

　もし、完全雇用国民所得(Y_F)が実現したとして、その国民所得のときに対応する一国の総需要(Y_d)の大きさを比較して、$Y_F > Y_d$ のときデフレ・ギャップとなる。

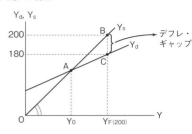

　総需要関数$Y_d = 0.6Y + 60$、$Y_F = 200$兆円とすると、このとき、YにY_Fを代入してY_dを求める。$Y_d = 0.6 \times 200 + 60 = 180$兆円なので、総需要が20兆円不足することになり、デフレ・ギャップになっている。

⑶インフレ・ギャップ：物価水準の上昇 → インフレの発生

　もし、完全雇用国民所得(Y_F)が実現したとして、その国民所得のときに対応する一国の総需要(Y_d)の大きさを比較して、$Y_F < Y_d$ ならばインフレ・ギャップとなる。

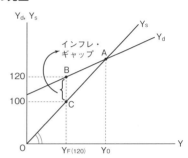

　$Y_d = 0.6Y + 60$、$Y_F = 100$兆円ならば、$Y_d = 120$兆円となり、インフレ・ギャップになっている。

A11　正解－3

　総需要(Y_d)が消費(C)と投資(I)からなることから、
　　　総需要関数$Y_d = C + I = 0.6Y + 40 + 80$
　　　　　　　　　　$= 0.6Y + 120$
　このYに$Y_F = 400$を代入すると、
　　　$Y_d = 0.6 \times 400 + 120 = 360$兆円
　したがって、Y_Fにおいてはデフレ・ギャップが生じており、その金額は40兆円である。

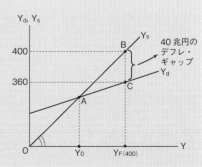

第1章　第2章　第3章　第4章　第5章　第6章　第7章　第8章

Q12 ギャップ分析と貿易収支

問 マクロ経済が、

$$Y = C + I + G + X - M$$
$$C = 0.7Y + 50$$
$$M = 0.2Y + 5$$

（Y：国民所得、C：消費、I：投資
G：政府支出、X：輸出、M：輸入）

政府支出と投資の合計が 40、輸出が 20 であるとき、この経済についての記述のうち、妥当なものはどれか。ただし、完全雇用国民所得 Y_F は 250 とする。　　　　（地方上級）

1 デフレ・ギャップであり、貿易収支は均衡している。
2 デフレ・ギャップであり、貿易収支は黒字である。
3 デフレ・ギャップであり、貿易収支は赤字である。
4 インフレ・ギャップであり、貿易収支は黒字である。
5 インフレ・ギャップであり、貿易収支は赤字である。

PointCheck

●ギャップ分析と貿易収支……………………………………………………………………【★★★】

　ギャップ分析は、完全雇用国民所得（Y_F）を基準とした経済状況を分析するものだが、出題難易度としてはやさしいため、複合問題として、貿易収支の状況も計算させる問題が出題されている。貿易収支は単なる均衡国民所得の大きさで計算されるので要注意である。

⑴貿易を含む財市場の均衡

$$Y = C + I + G + X - M$$

$$\begin{cases} C = cY + C_0 \\ I、Gは一定 \\ X（輸出）＝一定 \\ M（輸入）＝mY + M_0 \quad (m：限界輸入性向、M_0：基礎輸入) \end{cases}$$

これらより、

$$Y = cY + C_0 + I + G + X - (mY + M_0)$$

$$\therefore \quad Y - cY + mY = C_0 + I + G - M_0 \quad\quad (1 - c + m)Y = C_0 + I + G - M_0$$

$$\therefore \quad Y = \frac{C_0 + I + G - M_0}{1 - c + m} （均衡国民所得）$$

⑵ギャップ分析

完全雇用のとき実現される国民所得の大きさ(Y_F)と、総需要(Y_d)の大きさを比較するのがギャップ分析である。

①$Y_S=Y_F>Y_d$ → デフレ・ギャップ（不況・失業）

②$Y_S=Y_F<Y_d$ → インフレ・ギャップ（物価の上昇）

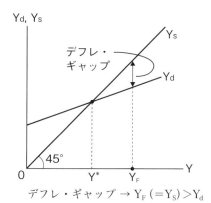

デフレ・ギャップ → $Y_F\,(=Y_S)>Y_d$

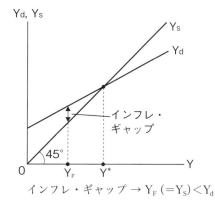

インフレ・ギャップ → $Y_F\,(=Y_S)<Y_d$

A12　正解一3

①インフレ（デフレ）・ギャップの見分け方

総供給$Y_S=Y_F$と総需要Y_dの大きさを求める。

$$総供給Y_S=Y_F=250$$

$$\begin{aligned}総需要Y_d&=国民総支出\\&=C+I+G+X-M\\&=0.7Y+50+40+20-0.2Y-5\end{aligned}$$

ここで重要なポイントは、総供給の大きさとの比較で考えて、そのギャップ（落差）を計算することである。その基準となるのが完全雇用国民所得＝Y_Fである。

総需要関数のYにY_Fの値（250）を代入して計算する。

$$Y_d=0.7\times250+50+40+20-0.2\times250-5=230$$

すなわち、$250-230=20$だけ総需要が足りないので、デフレ・ギャップである。

②貿易収支の見つけ方

この場合は完全雇用国民所得ではなく、輸入は現実の国民所得の大きさで決まるので、均衡国民所得の大きさを求めて、それを輸入関数に代入して輸入を求め、輸出と比較すればよい。したがって

$$Y=0.7Y+50+40+20-0.2Y-5 \quad をYについて解けばよい。\quad Y=210$$

輸入$M=0.2Y+5=0.2\times210+5=47$

輸出$X=20$より、貿易収支＝輸出－輸入であるので、27の貿易赤字

Q13 乗数

問 マクロ経済モデルが、

Y ＝ C ＋ I ＋ G
C ＝ 20 ＋ 0.75（Y － T）
T ＝ 0.2 Y

$$\left(\begin{array}{l} \text{Y：国民所得、C：消費、I：投資} \\ \text{G：政府支出、T：租税} \end{array} \right)$$

で示されるとする。また、投資は 150、政府支出が 90 であるとする。今、政府支出が 150 に増加したとき、国民所得はいくら増加するか。 (地方上級)

1　100
2　150
3　200
4　250
5　300

PointCheck

●乗数‥‥‥‥‥‥‥‥‥‥‥‥‥‥‥‥‥‥‥‥‥‥‥‥‥‥‥‥‥‥‥‥‥‥‥‥‥‥【★★★】

乗数理論では、所得比例税をモデルに含む計算問題が主流である。最近では、増分だけでなく、均衡の水準（大きさ）や税率や貿易を含んだ乗数の計算問題も出題されているので、乗数についてしっかり整理しておくことが大切だ。

⑴乗数理論

投資乗数：投資を1単位増やしたとき、国民所得の増加分が投資の増加分の何倍になるかの比率をいう。

$$\Delta \text{Y} = \frac{1}{1-c} \times \Delta \text{I} \quad (\text{c：限界消費性向})$$

c ＝ 0.8 なら、乗数の大きさは 1/(1 － 0.8) ＝ 5 となり、1億円の投資を増加させると国民所得が5億円増加することを意味する。

⑵政府部門を含む乗数

①政府支出の財源を一括固定税(T)で賄うケース

政府支出乗数：$\Delta \text{Y} = \dfrac{1}{1-c} \times \Delta \text{G}$

租税乗数：$\Delta \text{Y} = \dfrac{-c}{1-c} \times \Delta \text{T}$ （⊿T は、増税のとき正、減税のとき負）

均衡予算乗数：⊿G ＝⊿T のケース

$$\frac{1}{1-c} + \frac{-c}{1-c} = \frac{1-c}{1-c} = 1 \quad （政府支出の増加分だけ国民所得は増える）$$

②政府支出の財源を所得比例税($T = tY + T_0$)で賄うケース

〈租税関数の導入〉

$T = tY + T_0$（t：限界税率（$0 \leqq t \leqq 1$）、T_0：基礎税額＝控除にあたる部分）

政府支出乗数：$\varDelta Y = \dfrac{1}{1-c(1-t)} \times \varDelta G$

租税乗数：$\varDelta Y = \dfrac{-c}{1-c(1-t)} \times \varDelta T_0$　（$\varDelta T_0$は増税のとき正、減税のとき負）

均衡予算乗数：$\varDelta G = \varDelta T$のケース

$$\dfrac{1}{1-c(1-t)} + \dfrac{-c}{1-c(1-t)} = \dfrac{1-c}{1-c(1-t)} \neq 1$$

（このケースでは1ではない）

③貿易を含む乗数

(a)政府支出乗数：（定額税）$\varDelta Y = 1/(1-c+m) \times \varDelta G$

（所得比例税）$\varDelta Y = 1/\{1-c(1-t)+m\} \times \varDelta G$

(b)租 税 乗 数：（定額税）$\varDelta Y = -c/(1-c+m) \times \varDelta T$

（所得比例税）$\varDelta Y = -c/\{1-c(1-t)+m\} \times \varDelta T_0$

A13 正解ー2

所得比例税（$T = 0.2$でT_0のないケース）における政府支出乗数の問題である。

政府支出乗数：$\varDelta Y = \dfrac{1}{1-c(1-t)} \times \varDelta G$に数値を代入して、

$$\varDelta Y = \dfrac{1}{1-0.75(1-0.2)} \times 60$$

$$= \dfrac{1}{1-0.6} \times 60 \quad (増加分は150ではなく150-90=60である)$$

$$= \dfrac{1}{0.4} \times 60 = 150$$

〔別解〕

Gが90のときと、150のときの均衡国民所得の大きさを求めて差をとる。

(1)$G=90$のとき　$Y=20+0.75(Y-0.2Y)+150+90$　より　$Y=650$……①

(2)$G=150$のとき　$Y=20+0.75(Y-0.2Y)+150+150$　より　$Y=800$……②

②ー①＝$800-650=150$

第1章

第2章

第3章

第4章

第5章

第6章

第7章

第8章

Q14 均衡国民所得と租税

問 政府を含むマクロ経済モデルが次のように与えられている。ここで、完全雇用国民所得を 800 とすると、完全雇用と財政収支の均衡を同時に達成する限界租税性向 t の値として妥当なものはどれか。 (国家一般)

$$Y=C+I+G$$
$$C=40+0.8 (Y-T)$$
$$I=80$$
$$T=tY$$

(Y：国民所得、C：消費、I：投資、G：政府支出、T：租税、t：限界租税性向)

1   0.1
2   0.15
3   0.2
4   0.25
5   0.4

PointCheck

◉乗数理論　理解を深める ⋯⋯⋯⋯⋯⋯⋯⋯⋯⋯⋯⋯⋯⋯⋯⋯⋯⋯⋯⋯⋯⋯⋯【★★☆】

⑴投資乗数の導出

今、財市場は A 点で均衡している。このとき、投資(I)が (I') に増加すると、総需要曲線が Y_d から $Y_{d'}$ に上方に平行シフトする。その結果、均衡点も B 点に移り、国民所得が Y_0 から Y_1 に増加することがわかる。

<投資乗数>投資が 1 単位増加したとき、国民所得が何単位増加するかの比率。

$Y= cY+C_0+I$　で、I と Y が増加するので、
$\Delta Y= c\Delta Y+\Delta I$ より、$(1-c)\Delta Y=\Delta I$ となる。

∴　$\Delta Y/\Delta I=1/(1-c)$（乗数）　∴　$\Delta Y=1/(1-c)\times \Delta I$（投資の乗数式）

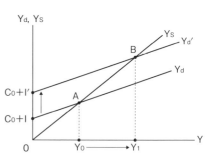

⑵政府部門を含む乗数の導出

　①政府支出の財源を一括固定税(T)で賄うケース

　　　$Y=C+I+G$, $C=cY_d+C_o$, $Y_d=Y-T$

　　I と G と T を一定値とすると、財市場の均衡条件は

　　　$Y=c(Y-T)+C_0+I+G$

　となる。

これをYについて解くと

$$Y = \frac{C_0 + I}{1-c} + \frac{G}{1-c} - \frac{cT}{1-c}$$

ここで、政府支出Gが⊿Gだけ増加すると国民所得は⊿Yだけ増加する。

政府支出乗数：$\Delta Y = \frac{1}{1-c} \times \Delta G$

また、租税が⊿Tだけ増加した場合の国民所得の変化量を⊿Yとすると

租税乗数：$\Delta Y = \frac{-c}{1-c} \times \Delta T$ （減税の場合は⊿Tが負であると考える）

②政府支出の財源を所得比例税($T = tY + T_0$)で賄うケース

〈租税関数〉 $T = tY + T_0$ （t：限界税率、T_0：基礎税額＝控除にあたる部分）

$$Y = C + I + G, \quad C = cY_d + C_0, \quad Y_d = Y - T, \quad T = tY + T_0$$

IとGを一定値とすると、財市場の均衡条件は

$$Y = c(Y - tY - T_0) + C_0 + I + G$$

これをYについて解くと

$$Y = \frac{C_0 + I}{1 - c(1-t)} + \frac{G}{1 - c(1-t)} + \frac{-cT_0}{1 - c(1-t)}$$

以上から、①と同様に

政府支出乗数：$\Delta Y = \frac{1}{1 - c(1-t)} \times \Delta G$

租税乗数：$\Delta Y = \frac{-c}{1 - c(1-t)} \times \Delta T_0$

A14 　正解ー4

　この問題は、増分を求める乗数の問題ではなく、財市場の各経済量の水準(大きさ)を求めさせるもので、国家一般職ではよく出題される。

〔財市場の均衡〕 $Y = C + I + G = 40 + 0.8(Y - tY) + 80 + G$ より

$\quad 0.2Y + 0.8tY = 120 + G \cdots\cdots①$

　財政収支が均衡するので、$G = T = tY$ となり、

$\quad$①は $0.2Y + 0.8tY = 120 + tY \quad \therefore \quad 0.2Y - 0.2tY = 120 \quad 0.2Y(1-t) = 120$

$\quad \therefore \quad Y(1-t) = 600 \cdots\cdots②$

　さらに、完全雇用国民所得より、$Y_F = 800 = Y$ を②に代入して

$\quad (1-t) = 600/800 = 0.75 \quad \therefore \quad t = 0.25$

第1章
第2章
第3章
第4章
第5章
第6章
第7章
第8章

Q15 消費関数論争

問 消費関数論争に関する次の記述のうち、妥当なものはどれか。 （地方上級）

1 ケインズ型消費関数によれば、平均消費性向は所得の増加につれて上昇し、限界消費性向と等しくなると仮定している。

2 デューゼンベリーの消費関数によれば、消費支出はもっぱら所得の絶対水準に依存して決まり、平均消費性向は一定だとした。

3 クズネッツ型の消費関数では、所得と消費の変化の関係は一定であり、限界消費性向と平均消費性向とは一致するのである。

4 モディリアーニのライフ・サイクル仮説によれば、消費支出は生涯所得に依存して決まり、平均消費性向が一定になることから、クズネッツ型の消費関数と一致することになった。

5 フリードマンの消費関数では、平均消費性向は所得の増加とともに低下するが、過去の最高所得水準にともなう消費のラチェット効果が消費性向を一定に保つことになるとした。

PointCheck

◉消費関数（論争） ……………………………………………【★★★】

⑴ケインズの消費関数（絶対所得仮説）

ケインズは、消費は国民所得のみに依存すると考え、**限界消費性向は一定**だと仮定したが、平均消費性向は**所得の増加ほどには消費は増加しない**ととらえ、**長期的に平均消費性向は低下**していくと考えた（消費低下による資本主義経済の長期停滞）。

⑵ クズネッツの消費関数

ケインズの予測を統計データから実証したのがクズネッツであった。ところが、導出された消費関数は、ケインズと違って、**切片のない1次関数**となり、**平均消費性向も限界消費性向も一定値**になる結果となった。

$$C=cY \begin{cases} 平均消費性向 \to C/Y=c（一定） \\ 限界消費性向 \to \varDelta C/\varDelta Y = c（一定） \end{cases}$$

⑶デューゼンベリーの相対所得仮説

デューゼンベリーは、**消費は国民所得だけでなく、他の要因によって発生する**とした相対所得仮説を提唱した。

　①空間的相対所得＝デモンストレーション効果

　　同じような所得階層にいる他人の消費につられて、自分も商品を買ってしまう（例：友達が携帯電話やパソコンを持ってると、自分も欲しくなって買ってしまう）。

　②時間的相対所得＝ラチェット効果（歯止め効果）

　　過去の景気のよい時代の所得水準での生活に慣れて、所得が減っても消費をあまり減らさない（例：バブル時の生活が身について、どうしても買い込んでしまう）。

(4)モディリアーニ・安藤のライフ・サイクル仮説

ライフ・サイクル仮説では、**消費は現在の所得水準ではなく、生涯所得で決まる**と考えた。

C＝aY＋bW （W：資産）　平均消費性向：C/Y＝a＋bW/Y

短期的には、Wは一定なので、Yの増加は平均消費性向の低下を招くことになる。長期的には、WとYは比例的に動くので、平均消費性向は一定となる。

(5)フリードマンの恒常所得仮説

フリードマンは、**消費は恒常所得のみに依存して決まる**と考えた。短期的には、変動所得のみが変化し、変動所得が増加すると、平均消費性向が低下することになる。

C＝aY_P （Y_P：恒常所得）　平均消費性向：C/Y＝aY_P/(Y_T＋Y_P) （Y_T：変動所得）

(6)トービンの流動資産仮説

トービンは、**消費は所得水準の他にも流動資産（預金等）にも依存して決まる**と考えた。

C＝aY＋bM （M：流動資産）　平均消費性向：C/Y＝a＋bM/Y

(7)消費関数論争の結論

(3)～(6)の仮説は、いずれも、短期＝ケインズ型、長期＝クズネッツ型を理論的に示したものである。

A15　正解ー3

1—誤　ケインズ型消費関数は絶対所得仮説と呼ばれ、消費が所得のみに依存して決まるというものである。すなわち、C＝cY＋C_0となる（c：限界消費性向、C_0：基礎消費）。平均消費性向は、C/Y＝c＋C_0/Yとなり限界消費性向と等しくない。

2—誤　デューゼンベリーは相対所得仮説を提唱し、デモンストレーション効果とラチェット効果を考慮し、短期ではケインズ型、長期ではクズネッツ型とした。

3—正　クズネッツ型の消費関数は、C＝cYであり、平均消費性向C/Y＝c（一定値）になることを実証した。そして、ΔC＝cΔYより、限界消費性向ΔC/ΔY＝cとした。

4—誤　モディリアーニのライフ・サイクル仮説では、消費は生涯所得とともに資産にも依存して決まり、短期的には資産は一定なのでケインズ型となり、長期的には所得と資産は比例的に増加するので平均消費性向は一定となるとしている。

5—誤　フリードマンの消費関数は恒常所得仮説と呼ばれる。恒常所得(Y_P)とは、将来の予想平均所得であり消費はそれに依存して決まるとした。一方、それ以外の臨時収入的所得は変動所得(Y_T)とした。すなわち、Y＝Y_T＋Y_Pであり、C＝aY_Pとなる。平均消費性向C/Y＝aY_P/Y＝aY_P/(Y_T＋Y_P)となり、短期的には、Y_Tのみが変化し、Y_Tの増加がC/Yを低下させ、長期的には、Y_T＝0なのでC/Yも一定になるとした。

Q16 投資理論

問 マクロ投資理論に関する次の記述のうち、妥当なものはどれか。　　　　　（国家一般）

1　加速度原理では、投資は生産量の変化に比例し、望ましい資本ストックの量とは無関係に投資は変化する。
2　新古典派の投資理論では、資本のレンタルコストとは独立に望ましい資本ストックの量が決定される。
3　資本ストック調整原理によると、望ましい資本ストックの量は現実の資本量に依存して決定される。
4　ケインズの投資理論によれば、利子率が資本の限界効率を上回る限り投資が行われる。
5　トービンのq理論によると、企業の総価値が企業の資本設備などの再取得価格を上回る限り投資が行われる。

PointCheck

●投資理論………………………………………………………………………………………**【★★★】**

　投資理論については、なんといってもケインズの投資理論を理解しておくことが必要だ。その他の投資理論についても時々出題されるので、各理論の内容をマスターする必要がある。

⑴ケインズの投資理論

　ケインズの投資理論は、資本(投資)の限界効率の考え方で説明される。

　　資本(投資)の限界効率：投資にかかる総費用と、投資することで得られる予想収益の合計額とを一致させる割引率のことである。

　　総費用＝C、毎期の予想収益＝R_n、資本の限界効率＝mとおくと、

　　　$C = R_1/(1+m) + R_2/(1+m)^2 + \cdots + R_n/(1+m)^n$

　資本の限界効率(m)は、予想収益率ともいわれ、利子率(r)との関係を考える。たとえば、市場の利子率より、予想収益率の方が高ければ、投資が行われ、低ければ投資は行われない。そして、投資全額が大きくなれば資本の限界効率は低くなると考えられるので、投資は、「資本限界効率」＝「利子率」となるまで行われる。ここで投資(I)と市場の利子率(r)の関係(投資関数)が導かれる。

　　　I＝I(r)(投資は利子率の減少関数)

⑵加速度原理

　利子率とは無関係に、投資が発生することを示した理論である。資本ストックをKとして、資本係数(K/Y)＝vと生産量の変化分(国民所得の増加分)を掛けた大きさの純投資が発生することになる。

　　　$I_t = v(Y_t - Y_{t-1})$　　（I_t：t期の投資、Y_t：t期の生産量、Y_{t-1}：t−1期の生産量）

〔問題点〕

　①vは固定的と仮定しているが、現実は可変的。

問題でPoint を理解する
Level 1 Q16

第1章

第2章

第3章

第4章

第5章

第6章

第7章

第8章

②望ましい資本ストックKが毎期実現できることになるが、現実は違う。

(3)資本ストック調整原理

加速度原理のいくつかの問題点を修正した投資理論である。現実の資本ストックと望ましい資本ストックのギャップを徐々に埋めていくプロセスが投資であると考える。

$I = \alpha(K^* - K)$ （α：調整係数、K：現実の資本ストック、K^*：望ましい資本ストック）

(4)トービンのq理論

トービンは、株式市場を考慮し、独自の投資理論を提示した。qとは、企業の市場価値とその企業の保有する資本の再取得価格の相対比でとらえられ、q＞1のとき、投資が行われることを示した。

$$q = \frac{企業の市場価値}{資本の再取得価格}$$

企業の市場価値：株価×発行数

資本の再取得価格：現在所有している資本ストックをすべて新たに買い換える（＝追加投資する）ときの総費用額

① q＞1 → 追加投資費用以上の収益（＝市場価値）が期待されている → 投資を行う

② q＜1 → 追加投資費用よりも収益が少ない → 投資をしない

(5)新古典派投資理論（ジョルゲンソン）

可変的生産関数を前提に、利潤最大化とストック調整理論とを結びつけた投資理論。

A16 正解ー5

1—誤 加速度原理は、投資は生産量の増加分に比例して決定される。これは、資本ストック(K)と生産量(Y)との間にある一定の関係が存在する（資本係数v＝K/Y）という考え方をもとにしている。

2—誤 新古典派の投資理論では、資本のレンタルコストが与えられた場合、企業の利潤最大化行動から望ましい資本ストックの水準が決定されるとする。

3—誤 資本ストック調整原理では、生産量から決まってくる今期の望ましい資本ストック水準と現実の資本ストック差の一部分が投資として実行される。

4—誤 ケインズの投資理論である資本の限界効率説は、資本の限界効率が利子率を上回る限り投資が行われ、結果として両者の水準が等しくなるところで投資の規模が決定されるという理論である。

5—正 トービンのq理論は、企業の総価値(＝株価総額＋負債総額)とその企業の設備などを購入する再取得価格との比をqと定義し、qが1より大きければ投資は促進され、小さければ抑制されるとした。

Q17 貿易部門を含む乗数

問 輸出と輸入を含む開放マクロ経済において、政府の行う政策が国民所得に与える効果に関する次の記述のうち、妥当なのはどれか。ただし、限界消費性向は0.8、限界輸入性向は、0.2であり、民間投資、政府支出および輸出の大きさは外生的に与えられるものとし、租税は所得および消費に依存しない定額税であるものとする。 (国家一般)

1 10兆円の減税政策を実施すると、乗数効果を通じて国民所得は25兆円増加することになる。

2 10兆円の減税政策を実施した方が、同額の公共投資を行うよりも、国民所得の増加は5兆円多くなる。

3 10兆円の公共投資を行うと、輸入誘発効果を通じて輸入が5兆円増えることになる。

4 10兆円の公共投資を行うと、乗数効果を通じて国民所得は20兆円増加することになる。

5 限界輸入性向が0.3に上昇した場合、10兆円の公共投資を行うと、乗数効果を通じて国民所得は25兆円増加することになる。

PointCheck

●貿易部門を含む乗数···【★★☆】

〔財市場の均衡〕(租税が一括固定税のケース)

$$\begin{cases} Y = C + I + G + X - M \\ C = cY_d + C_0 \\ Y_d = Y - T \quad (一括固定税) \\ M = mY + M_0 \quad (輸入関数) \\ I、G、Xは一定 \end{cases}$$

$$Y = c(Y - T) + C_0 + I + G + X - (mY + M_0)$$
$$\quad = cY - cT + C_0 + I + G + X - mY - M_0$$
$$Y - cY + mY = -cT + C_0 + I + G + X - M_0$$
$$\quad\quad (1 - c + m)Y = -cT + C_0 + I + G + X - M_0$$
$$\therefore \quad Y^* = 1/(1 - c + m) \times (-cT + C_0 + I + G + X - M_0) \quad (均衡国民所得)$$

(1)**投資乗数式**

$$\varDelta Y = 1/(1 - c + m) \times \varDelta I$$

(2)**政府支出乗数式**

$$\varDelta Y = 1/(1 - c + m) \times \varDelta G$$

(3)**租税乗数式**

$$\varDelta Y = -c/(1 - c + m) \times \varDelta T \quad (減税の場合は\varDelta Tがマイナスとなる)$$

(4)**輸出の乗数式**

$$\varDelta Y = 1/(1 - c + m) \times \varDelta X$$

〔重要ポイント〕

　政府支出の増加等による国民所得の増加は、限界輸入性向をかけただけ輸入を増加させる（輸入誘発効果とも呼ばれている）。

　　　$\varDelta M = m \times \varDelta Y$

第1章

第2章

第3章

第4章

第5章

第6章

第7章

第8章

 Level up Point!　財市場における乗数の出題では、貿易部門を捨象した計算問題が多かったが、最近では、貿易部門を含む乗数の計算問題が出題されている。様々なケースで出題されているが、基本構造をしっかり身につけていれば、得点源となるので、しっかりとマスターすること。

A17 　正解－3

　この問題では、租税が定額税であることから、乗数式の分母がすべて$(1-c+m)$で表される。

1 －誤　減税の乗数式

　　　$\varDelta Y = -c/(1-c+m) \times -\varDelta T$

　　　　　$= -0.8/(1-0.8+0.2) \times (-10兆円) = -0.8/0.4 \times (-10兆円) = 20兆円$

2 －誤　減税の乗数式と公共投資（政府支出乗数）

　　　$\begin{cases} \varDelta Y = -c/(1-c+m) \times -\varDelta T = -0.8/(1-0.8+0.2) \times (-10兆円) = 20兆円 \\ \varDelta Y = 1/(1-c+m) \times \varDelta G = 1/(1-0.8+0.2) \times 10兆円 = 25兆円 \end{cases}$

3 －正　輸入誘発効果とは、国民所得の増加にともない輸入の増加が誘発される効果をいう。

　　　$\varDelta M = m \times \varDelta Y$

　　　$\varDelta Y = 1/(1-c+m) \times \varDelta G = 1/(1-0.8+0.2) \times 10兆円 = 25兆円$

　　　輸入誘発効果：$\varDelta M = m \times \varDelta Y = 0.2 \times 25兆円 = 5兆円$

4 －誤　肢2および肢3より、10兆円の公共投資は国民所得を25兆円増加させる。

5 －誤　限界輸入性向が上昇すると、基本的に国民所得は減少する。輸入は、国民所得が海外に漏出していくことになる。

　　　限界輸入性向が0.3に上昇すると、

　　　$\varDelta Y = 1/(1-0.8+0.3) \times 10兆円 = 1/0.5 \times 10兆円 = 20兆円の増加$

Q18 貿易乗数と経常収支

問　政府を含まないマクロ・モデルが次のように与えられているとする。

$C=40+0.8Y$、$I=160$、$X=100$、$M=0.1Y$

（C：消費、Y：国民所得、I：投資、X：輸出、M：輸入）

　ここで、輸出が60増加したときに発生すると考えられる経常収支の黒字と、その黒字を解消するために必要となるアブソープション（国内需要）の増加の組合せとして、妥当なものはどれか。

（国家一般）

	経常収支	アブソープション
1	40	40
2	40	60
3	40	120
4	60	60
5	60	120

PointCheck

●**貿易乗数と経常収支**　理解を深める …………………………………………【★★☆】

⑴経常収支とアブソープション

　アブソープション（吸収）と経常（貿易）収支との関係は、国内需要（内需）と産出量との差と経常収支との間の均衡・不均衡を説明するものである。

〔財市場の均衡〕

　　$Y=C+I+G+X-M$……①

　①において、国内需要の合計＝C＋I＋GをまとめてA（アブソープション）とおくと、

　　$Y=A+(X-M)$……②

となる。②を変形すると、

　　$Y-A=(X-M)$……③

が得られる。③の右辺が経常収支を表している。

　＊経常収支が黒字のケース

　　$(X-M)>0$の状態なので、左辺$(Y-A)>0$すなわち$Y>A$となる。これは、国内産出量（供給量）を上回っており、その超過供給分が輸出として外国に向けられたことを意味している。経常収支の黒字を解消するためには、国内需要（内需）の拡大が必要となる。

〔参考〕アブソープションの詳細

　　$A=C+I+G=cY+C_0+I+G$

　ここで、$C_0+I+G=A_0$（所得に依存しないアブソープション）とおくと

　　$A=cY+A_0$

　となる。これを③に代入して

$$Y - cY - A_0 = (X - M)$$
$$(1-c)Y - A_0 = (X - M) \cdots\cdots ④$$

となる。④より

・限界消費性向が大きくなると、経常収支の黒字は小さくなる。

・所得に依存しないアブソープション(A_0)が大きくなると、経常収支の黒字も小さくなる。

　以上より、日本の経常収支の黒字を縮小させるためには、国内需要を拡大する政策を採用しなければならない。

 Level up Point!　貿易乗数の計算問題では、政府支出や輸出の増加等が国民所得をどのくらい増加させるかといった単純な適用ではなく、貿易（経常）収支の黒字を政策的に解消させるための変化（分）を求めさせる出題が多い。すなわち、何段階かの計算手順を行わなければならないことから難易度が高い出題分野といえる。

A 18 　正解ー 3

　財市場の均衡：$Y = C + I + X - M$　（この問題では政府は含まない）

(1)経常収支の黒字の大きさを求める。

　輸出(X)の大きさは$(100 + 60)$とわかるので、輸出の増加にともなう国民所得の増加を求め、輸入の増加を求めればよい。

　現在の輸入の大きさ：$M = 0.1Y$より、均衡国民所得の大きさを求める。

　$Y = 40 + 0.8Y + 160 + 100 - 0.1Y$をYについて解く。

　$0.3Y = 300$より、$Y = 1000$

　∴　$M = 0.1 \times 1000 = 100$

また、輸出が60増加すると、国民所得は、

　$\Delta Y = 1/(1 - c + m) \times \Delta X = 1/(1 - 0.8 + 0.1) \times 60 = 200$増加する。

これにより輸入は、$\Delta M = 0.1 \times \Delta Y = 0.1 \times 200 = 20$増加する。

これにより経常収支の黒字は、

　$X = 100 + 60 = 160$　　$M = 100 + 20 = 120$

から、40となる。

(2)この黒字を解消する。

　この黒字を解消するためには、輸入も40増加しなければならない。

　$\Delta M = m \times \Delta Y$より、$40 = 0.1 \times \Delta Y$となり、$\Delta Y = 400$から、

　国民所得が400増加する必要がある。これを達成するためのアブソープション(A)の増加は、

　$\Delta Y = 1/(1 - c + m) \times \Delta A$　より

　$400 = 1/(1 - 0.8 + 0.1) \times \Delta A$

　よって、$\Delta A = 120$　となる。

〔参考〕この問題でのアブソープション(国内需要)の中身は、政府が含まれていないことから国内投資(I)だと推定される。

Q19 恒常所得仮説

問 フリードマンの恒常所得仮説によると、消費関数は、

$C = cY_P$

$Y_P = \theta Y + (1 - \theta) Y_{-1}$

（C：消費、Y_P＝恒常所得、Y国民所得）

で示される。ただし、cとθは定数であり、0＜c＜1、0＜θ＜1とする。

　この説によると、景気循環の3つの局面、不況（国民所得の減少）、回復（国民所得の下の水準への復帰）、好況（国民所得の増加）に関する次の記述のうち、妥当なのはどれか。

（地方上級）

1　好況のときは、平均消費性向はcより小さい。
2　好況のときは、平均消費性向はcに等しい。
3　回復のときは、平均消費性向はcより大きい。
4　不況のときは、平均消費性向はcより小さい。
5　不況のときは、平均消費性向はcに等しい。

PointCheck

◉ **M. フリードマンの恒常所得仮説** ……………………………………………【★★☆】

　ケインズ型消費関数とクズネッツ型消費関数の違いを説明するために提出された消費関数の1つが、M.フリードマンの恒常所得仮説である。

　フリードマンは、所得(Y)を恒常所得 (Y_P) と変動所得 (Y_T) とに分け、今期の消費は恒常所得のみに依存して決まると考えた。恒常所得とは、「過去から将来に向けた予想可能な所得」ととらえ、現実的には、過去から現在までの所得の加重平均値で表される。

（例）$Y_P = 0.6Y_t + 0.2Y_{t-1} + 0.2Y_{t-2}$

$Y = Y_P + Y_T$ ……①

$C = \alpha Y_P$ ……②

$C/Y = \alpha Y_P/Y = \alpha Y_P/(Y_P + Y_T) = \alpha/(1 + Y_T/Y_P)$ ……③　（平均消費性向）

〔短期〕

　短期では、Y_Pは一定であり、変化するのはY_Tのみと考える。

　不況：ボーナスなどの変動所得が減少することになり、③の分母が小さくなり、平均消費性向は上昇する。

　好況：変動所得が増加することから、③の分母が大きくなり、平均消費性向は低下する。

　　　　　↓

　　　　短期では「ケインズ型」となる。

問題でPoint を理解する
Level 2 Q19

第1章

第2章

第3章

第4章

第5章

第6章

第7章

第8章

〔長期〕
　長期では、変動所得の影響がなく（$Y_T=0$）、平均消費性向は一定値（α）に収束することから、「クズネッツ型」になる。

Level up
Point!　　いくつかの消費関数のうち、出題頻度の高いものが M. フリードマンの恒常所得仮説である。その理論内容はもちろんだが、乗数などの計算問題での出題も多いことから、いくつかのパターンを練習しておくことが大切となる。

A19　　正解－1

　$C=cY_P$より、平均消費性向を求めると、　（cは限界消費性向）
　　$C/Y=cY_P/Y$……①
　ここで、$Y=Y_P+Y_T$（変動所得）より、
　　$C/Y=cY_P/(Y_P+Y_T)=c/(1+Y_T/Y_P)$……②
　また、$Y_P=\theta Y+(1-\theta)Y_{-1}$より、②に代入して
　　$C/Y=c/\{1+Y_T/(\theta Y+(1-\theta)Y_{-1})\}$……③
となる。ここで
　　$Y_T/(\theta Y+(1-\theta)Y_{-1})=F$とおくと、
　　$C/Y=c/(1+F)$……④
が得られる。
不況：変動所得Y_Tはマイナスであり、$0<\theta<1$となるので、$F<0$（マイナス）となり、$C/Y>c$（平均消費性向＞限界消費性向）が求まる。
回復：変動所得Y_Tは不変なので、$Y_T=0$より、$C/Y=c$（平均消費性向＝限界消費性向）が求まる。
好況：変動所得Y_Tはプラスとなり、$0<\theta<1$となるので、$F>0$（プラス）となり、$C/Y<c$（平均消費性向＜限界消費性向）が求まる。

Q20 投資関数

問 投資に関するA〜Dの記述のうち、妥当なもののみをすべて挙げているのはどれか。

（国家一般）

A 投資の限界効率理論では、投資は貯蓄率と投資の限界効率が等しくなるところで決定されると考える。投資の限界効率は、企業経営者のアニマル・スピリッツに依存する一方、個々の投資プロジェクトの期待収益とは独立に決定される。

B 加速度モデルでは、投資は産出量の水準に比例して変動すると考える。このモデルは、望ましい最適資本ストックと実際の資本ストックが常に一致すると考えることから、投資の調整費用を考慮したモデルとなっている。

C ジョルゲンソンの投資理論では、投資は今期望ましいとされる最適ストックと前期末の実際の資本ストック差の一部分（λ倍）だけが今期実現すると考える。このモデルは、λの値が最適資本ストックの大きさと独立して決まるという点で論理的な矛盾があると批判されている。

D トービンのq理論では、企業は1円の資本を購入することにより、1円以上の企業価値をあげ得る限りにおいて投資に乗り出すとする。また、この理論は、投資の調整費用を考慮したモデルとなっている。

1 A　　2 A、B　　3 B、C　　4 C、D　　5 D

PointCheck

◉投資関数……………………………………………………………………………【★★★】

(1)ケインズの投資理論

ケインズは、投資から得られる資本（投資）の限界効率（＝予想収益率）と市場利子率とを比較し、資本の限界効率が高いときに投資が実行されると考えた。すなわち、投資が一国全体でどのくらい実行されるかは、市場利子率(r)に依存して決まることになる。

$I = I(r)$……①

①では、利子率が高いときには、利子率を超える収益率が発生する投資だけが実行されることから、投資は少ないと考えられる。このことから、投資と利子率とは反対の動きをすることになり、「投資は利子率の減少関数」となる。

〔参考〕投資関数(資本の限界効率表)のシフト要因として、ケインズは企業者の「アニマル・スピリッツ」を指摘している。

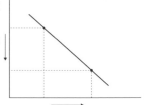

(2)加速度原理

加速度原理における投資では、利子率とは無関係に、産出量の変化分に比例して(純)投資が発生することになる。　$I_t = v(Y_t - Y_{t-1})$　(t：t期、v：資本係数)

第1章
第2章
第3章
第4章
第5章
第6章
第7章
第8章

資本係数：$v=K_t/Y_t$　（1単位の生産に対して何倍の資本が必要かの比率）

〔問題点〕

①資本係数vは固定的…現実は可変、②望ましい資本ストックが毎期実現…現実は異なる、③景気後退局面では（Y_t-Y_{t-1}）がマイナスとなる…現実にはマイナスの投資はない。

(3)資本ストック調整原理

加速度原理のさまざまな問題点を修正した投資理論が資本ストック調整原理である。とりわけ、②望ましい資本ストックが毎期ごとに実現される過程に対応した投資理論である。

$$I_t=\alpha(K_t^*-K_{t-1})\quad\left(\begin{array}{l}K_t^*：望ましい資本ストック、K_{t-1}：t-1期末での現実の\\資本ストック、\alpha：調整係数　（0<\alpha<1）\end{array}\right)$$

すなわち、前期末での現実の資本ストックと望ましい資本ストックとの差の一定割合を徐々に埋めていくプロセスが投資だと説明する（$\alpha=1$のときが加速度原理そのものになる）。

(4)トービンのq理論

株式市場での企業評価や調整費用などを考慮に入れた新しい理論となっている。

q＝企業の市場価値/資本の再取得価格

企業の市場価値＝株価×株式発行数（＋債務総額）

資本の再取得価格＝現在保有している資本ストックを新たに買い換えたときの総費用

①q>1 → 株価（企業価値）に対して資本不足となり投資が発生する（q＝1まで）

新しい資本に対応していくための調整費用が発生するため、すぐにq＝1にはならない。

②q<1 → 投資を実行しない（資本過剰）

〔参考〕トービンの限界q

企業にとって重要な要因は、平均ではなく追加投資（限界）であることから構築された理論。限界q＝資本の限界効率(m)/実質利子率(i)

(5)新古典派投資理論

ジョルゲンソンなどの新古典派の理論では、生産要素間の代替性を組み込んだ生産関数から、利潤最大化を前提とするストック調整理論を提示した。

〔問題点〕伸縮的加速度因子（調整係数）と投資量との間の関係が、独立決定される。

Level up Point! 投資関数（理論）だけに焦点をあてた出題は少ないが、ケインズの投資関数や加速度原理、さらにはトービンのqが単独で出題されることもある。国家一般では、新古典派投資理論の問題点を指摘した少しレベルの高い出題もあり、基本からしっかりおさえておく必要がある。

A20　正解ー4

A－誤　ケインズの投資理論では、投資（資本）の限界効率と（市場）利子率とが一致するところで決まる。

B－誤　加速度モデルでは、投資の産出量の増（加）分に比例して決まるのである。

C－正　新古典派投資理論は、可変的生産関数を前提にしていることも忘れないこと。

D－正　1円の資本に対し1円以上の企業価値があるとき、q>1になる。

Level 1 p52〜p63 Level 2 p64〜p71

1 貨幣の役割と種類

Level 1 ▷ Q21

(1)**貨幣の役割**：①交換機能＝さまざまな財との交換

②価値貯蔵の手段＝富を将来に持ち越すための資産としての機能

③価値尺度＝貨幣はあらゆる財の価値をはかる共通の物差し

(2)**貨幣の種類**： M_1 ＝現金通貨＋預金通貨(普通・当座預金)

▶p52

M_2 ＝ M_1 ＋定期性預金＋CD （ゆうちょ銀行を除く国内銀行等)

M_3 ＝ M_2 ＋CD （全預金取扱機関)

CD：譲渡性預金(定期預金を証書にして売買できるもの)

2 貨幣供給

Level 1 ▷ Q21〜Q23 Level 2 ▷ Q28

貨幣は各国の中央銀行によって発行され、貨幣供給量(マネー・サプライ、マネー・ストック)が管理されている。では、どのように発行された貨幣が世の中に増殖していくのだろうか。

(1)**民間銀行の預金創造（信用創造）メカニズム** ▶p56

まず、日銀が100万円の現金通貨をA銀行に供給したとする（本源的預金)。A銀行は法定準備を除いてだれかに貸し付けることで利益（利ザヤ）を生む。法定準備率を10％とすると、90万円が別のB銀行で預金となる。同様に、B銀行も90万×0.9＝81万円を貸し付ける。以下の銀行でも同じことが繰り返され預金が創造されていく。

預金総額＝ $100+(1-0.1)\times100+(1-0.1)^2\times100+\cdots\cdots$ （無限等比級数の和)

$=100\times1/(1-0.9)=1000$ 万円

∴　預金総額＝1/最初の預金額×法定準備率

(2)**信用乗数（貨幣乗数）** ▶p54 ▶p67

中央銀行（日銀）の新規貸出によるマネー・サプライ（マネー・ストック）の乗数である。

ハイパワード・マネー(H)：日銀が直接コントロールできる貨幣

$H=C+R$ （C：現金通貨、R：民間銀行の準備)

マネー・サプライ(＝マネー・ストック)(M)：貨幣は現金で持つか預金しているかに分かれる

$M=C+D$ （D：預金通貨)

$$M=C+D=\frac{C+D}{C+R}\times(C+R)=\frac{C+D}{C+R}\times H=\frac{\dfrac{C}{D}+\dfrac{D}{D}}{\dfrac{C}{D}+\dfrac{R}{D}}\times H$$

(C/D)＝現金・預金比率＝c、(R/D)＝預金準備率＝rとすると、

$$M=\frac{c+1}{c+r}\times H=mH \quad (m：信用乗数)$$

全体像をつかむ
POINT整理

第1章
第2章
第3章
第4章
第5章
第6章
第7章
第8章

3 ケインズの貨幣需要

Level 1 ▷ **Q24,Q25**　Level 2 ▷ **Q27,Q29**

(1)貨幣の需要と動機　▶p58　▶p64

人はなぜ貨幣を手に入れようとする(需要する)のかを、ケインズは３つの動機で説明する。

①取引動機：**経済生活の中で財の取引や決済をするのに貨幣が必要**
→ この取引動機に基づく**貨幣需要(L)**は、一国経済の発展にともなって増大するはずであるから、**国民所得(Y)の増加関数**となる。

②予備的動機：**万一の支出や不確実性に備えて用意しておく貨幣(安全確保のための貨幣)**
→ この場合も、**貨幣需要(L)は国民所得(Y)の増加関数**とする。
　①②の２つの動機に基づく貨幣需要をまとめて、$L_1(Y)$ と表す。

③投機的動機に基づく貨幣需要（資産需要）
資産を流動性の高い便利な「貨幣」で持つか、利子のつく「債券」（株も含む）で持つかを選好するケースである。
　　債券利子率r＝確定利息/債券価格
　　1万円の債券を買うと必ず500円の利息がつくなら、
　　r＝500/10000＝0.05（５％の利子率）
投機的動機ではこの確定利息分ではなく、債券を売買することで利ザヤを求めるケースを取り扱うのである（安いときに買って高くなったときに売ればもうかる）。

債券価格の上昇 → 500/20000 → 0.025（2.5％の利子率）→ rの下落
債券価格の下落 → rの上昇

＊債券価格と利子率rとは反比例の関係
利子率が低い＝将来利子率が上昇すると予想される
→ 債券価格が低下すると予想される
→ 今債券を買うと損失をこうむるので資産を貨幣（現金）で保有しよう
→ 貨幣需要の増加

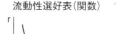
流動性選好表(関数)

すなわち、**利子率rが低い(下落している)とき、貨幣需要は増加する。投機的動機に基づく貨幣需要は利子率の減少関数**となる。これを $L_2(r)$ と表し（流動性選好という）、グラフは右下がりの曲線となる(右上図)。

(2)貨幣需要関数　▶p68

ケインズの貨幣需要は、$L_1(Y)$ と $L_2(r)$ の合計となる。
すなわち、
$$L = L_1(Y) + L_2(r)$$

$L_1(Y)$：取引動機＋予備的動機
$L_2(r)$：投機的動機

これをグラフで表すと、右下図のようになる。

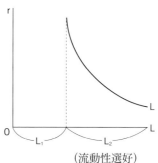
(流動性選好)

4 貨幣市場の均衡

Level 1 ▷ **Q25**　Level 2 ▷ **Q29**

⑴均衡利子率と貨幣需給量の決定 ▶ p60

　貨幣市場の均衡は、貨幣需要 L ＝貨幣供給 M
で実現される。ただし、貨幣供給は利子率の水準
に関係なく日銀が裁量するので一定値になる。す
なわち、垂直線で表される。

　貨幣需要曲線 L と貨幣供給曲線 M との交点 E
が貨幣市場の均衡点となり、均衡利子率 r^* と貨
幣需給量が決まる。

　もし、日銀が**貨幣供給量を増やすと M 線が右**
シフトする（M → M′）。その結果、**利子率は低下**する。

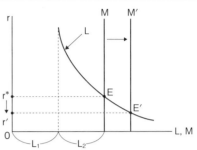

　rの低下 → 投資の増加⊿I → 投資乗数1/(1−c) → 国民所得の増加⊿Y

⑵流動性のわな ▶ p60

　流動性のわなは、流動性選好表（L_2）の特殊なケ
ースである。利子率が下限にある（＝債券価格が非
常に高い）としよう。この状況では、これ以上債券
価格は上がらないと多くの投資家が考える。すなわ
ち、**債券を買ってもうま味がないので、資産をすべ**
て貨幣で持とうとする。このとき、**貨幣に対する需**
要が無限に増加することになる（これを貨幣需要の
利子弾力性が無限大という）。**右下がりの流動性選**
好表（L_2）が水平になる部分である。

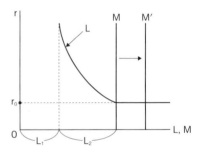

　経済が流動性のわなに入っているときは、**金融当局が貨幣供給を増やしても（M 線の右**
シフト）、利子率は変化しない。

＊投資に影響がなく、国民所得も不変のまま → **金融政策の無効**

5 古典派の貨幣市場

Level 1 ▷ **Q26**　Level 2 ▷ **Q30**

⑴古典派とは

　ケインズの一般理論（1936年）が出されるまでの主流経済学の総称。古典派が貨幣市場をどのようにとらえていたのかを説明する代表的理論である。

⑵フィッシャーの交換方程式 ▶p62

　一国全体で、例えば年間を通じて取引される財の総取引額（価格×取引量）と、ちょうど等しいだけの貨幣総額（貨幣量×回転数）が存在すると考える。

　価格(物価)＝P、財の取引量＝T、貨幣量＝M、貨幣の流通速度(回転数)＝V

　　$MV=PT$　　（V：1万円札が何回人手に渡ったのかを表している）

　古典派はVは短期的には変化しないと考えるので、金融当局が**貨幣量を増加**させても物価Pが比例して上昇するだけで、一国の財の取引量T、すなわち国民所得Yに影響を与えないと考える(M↑ → P↑)。

　＊ケインズはMの変化は利子率を通じて投資に影響すると考える。

⑶ マーシャルの現金残高方程式 （ケンブリッジ方程式） ▶p63

　マーシャルはフィッシャーの交換方程式(MV＝PT)を変形して貨幣需要に関する式を作ったが、総取引量Tを一国全体での総生産量（＝実質GDP）と等しいと考え、実質国民所得＝yとおき換えた。その結果、フィッシャーの交換方程式は、

　　$MV = Py$ となり、さらに変形すると、$M =(1/V)×Py$ となる。

　$1/V$（貨幣の流通速度の逆数）をkとおくと、マーシャルの現金残高方程式になる。

　　$M = kPy$

　＊$k=M/Py$になり、このk（マーシャルのk）は名目国民所得(Py)に対する貨幣の保有割合を示す。

　すなわち、この式は名目所得の一定割合(k)だけ貨幣が需要されることを意味している（ケインズの取引動機による貨幣需要に該当する）。

⑷結論

　・古典派の貨幣市場では、政府がマネー・サプライを2倍に増やすと貨幣需要も2倍になり、その分だけ**物価のみが上昇**する。

　→ **国民所得にはなんの影響もない**ので、**貨幣のヴェール観**と呼ばれる

　・ケインズ → マネー・サプライの増加

　→ **利子率の低下** → **投資の増加** → **乗数** → **国民所得の増加**

Q21 貨幣供給

問 マネー・サプライ（マネー・ストック）に関する次の記述のうち、妥当なものはどれか。
(国家一般改題)

1　わが国において、マネー・サプライの表す標準的指標として用いられているものは M_2 であるが、これは現金通貨（流通通貨）、流動性預金などの預金通貨、定期性預金などの準通貨に郵便貯金、信託商品を加えたものである。
2　ハイパワード・マネーとは、中央銀行が直接コントロールできるといわれる全貨幣量のことであり、民間銀行が保有する現金残高に等しい。
3　公開市場操作を通じて、中央銀行が国債などの買いオペレーションを行った場合には、マネー・サプライは減少する。
4　民間銀行は、受け入れた預金の一定割合を準備金として中央銀行に預金しなければならないが、この割合を引き下げると、民間銀行は資金運用の拡大を図り、マネー・サプライは増加する。
5　公定歩合を引き下げた場合には、預金金利の上昇を通じてマネー・サプライの増加に寄与する。

PointCheck

●貨幣供給（マネー・サプライ、マネー・ストック）……………………………【★★☆】
⑴貨幣の種類
「現金通貨」と「預金通貨」を合計したものを M_1（エム・ワン）と呼び、狭い意味での「貨幣供給（＝マネー・サプライ）」と定義している国（アメリカ）もある。

　　M_1＝現金通貨＋預金通貨　＊1万円札と普通預金をイメージ

では、定期預金はどうなるのかといえば、満期までの時間や解約手数料を考えるとあまり流動的ではないが、不動産よりは容易であるから、M_1 にこの定期性預金を足して M_2 と定義する。

　　M_2＝M_1＋定期性預金＋CD（ゆうちょ銀行を除く国内銀行等）

さらに近年になって、企業の人口の定期預金を証書にして、それを市場で売買できる「譲渡性預金(CD)」が発行されるようになった。これが急増したため、従来のM_2にこれを加えて、日本のマネー・ストックの指標とした(2007年10月の郵政民営化に伴い、日本銀行は従来の「マネー・サプライ統計」を見直し、「マネー・ストック統計」に移行している)。

　　M_3＝M_2＋CD（全預金取扱機関）

現在はこの M_3 が標準的指標として用いられる。さらに、最近では、国債・社債・投資信託などの金融資産を含んだものを「広義流動性」と呼んでいる。

⑵日本銀行（1882 年設立）

　日本銀行が新たに供給する貨幣が、ハイパワード・マネー（マネタリー・ベース）といわれる。ハイパワード・マネーは、別の面からとらえると、日銀が直接コントロールできる貨幣のことである。

　　　ハイパワード・マネー(H)＝現金通貨(C)＋準備金(R)

〔三大金融政策〕（**Q45** 参照）

　①公定歩合操作 → 現在は主流の政策ではない。**アナウンスメント効果のみ**があるといわれている（日本銀行は 2006 年 8 月に、これまで「公定歩合」としていた統計データのタイトルを「基準割引率および基準貸付利率」に変更している）

　②公開市場操作 → 政策の主流となっている

　　　　　　　　　買いオペレーション（日銀が民間から債券を買う）
　　　　　　　　　→ マネー・サプライの増加
　　　　　　　　　売りオペレーション（日銀が民間に債券を売る）
　　　　　　　　　→ マネー・サプライの減少

　③準備率操作（**Q22** 参照）

〔参考〕日本銀行の機能

　①発 券 銀 行…銀行券の独占的発行
　②銀行の銀行…市中の銀行から預金を預かる一方、最後の貸し手となる
　③政府の銀行…国の収入や支出の管理や外国為替事務の遂行

A21　正解ー4

1—誤　現在日銀はM_3を代表的な統計指標としている。また、M_2にはゆうちょ銀行預金・信託商品は含まない。

2—誤　ハイパワード・マネーは全貨幣量ではなく、民間銀行が保有する現金と個人ならびに非金融法人が保有している現金の総額になる。

3—誤　中央銀行が買いオペレーションを実施すると、日銀が購入した額だけ貨幣が新たに供給されることになり、マネー・サプライは増加する。

4—正　準備率の引下げは、信用乗数の拡大を通じてマネー・サプライを増加させる（準備金の減少は、民間銀行の貸出しの増加に結びつき、マネー・サプライが増加する）。

5—誤　現在、金利の完全自由化により、公定歩合の変化が民間の貸出金利に大きな影響を与えることはない。この問題では、公定歩合の引下げが、金利の下落につながるととらえる。

Q22 信用乗数

問　市中で保有されている現金・預金通貨比率（C/D）が 0.4 、銀行部門の預金準備率（R/D）が 0.05 であるとする。ハイパワード・マネー H の量が 9 兆円であるとき、市中で保有される預金通貨 D はいくらか。
（地方上級改題）

1　10 兆円
2　14 兆円
3　18 兆円
4　20 兆円
5　25 兆円

PointCheck

◉信用乗数‥‥‥‥‥‥‥‥‥‥‥‥‥‥‥‥‥‥‥‥‥‥‥‥‥‥‥‥‥‥‥‥‥‥‥【★★★】
　日本銀行（＝中央銀行）が新規に通貨を供給した（ハイパワード・マネー）ときに、それが何倍のマネー・サプライ（マネー・ストック）を生み出すかを考えてみよう。

(1)ハイパワード・マネー（マネタリー・ベース）
　日銀が実際に直接コントロールできる貨幣
　　（日銀が新規に貸し出した 1 万円札の量＋銀行が手元に置いておく法定準備金）
　　H ＝現金通貨(C)＋民間銀行の準備(R)……①

(2)マネー・サプライ（マネー・ストック）
　一方、世の中に存在している貨幣（マネー・サプライ）は、大きく分けると、人々が財布の中に現金として持っているか、銀行に預けているかのどちらかである。したがって、
　　M ＝現金通貨(C)＋預金(D)……②

(3)信用乗数
　②÷①より、$\dfrac{M}{H}=\dfrac{C+D}{C+R}$　　$M=\dfrac{C+D}{C+R}\times H$

　この式の分母・分子を D で割ると、

$$M=\dfrac{\dfrac{C}{D}+\dfrac{D}{D}}{\dfrac{C}{D}+\dfrac{R}{D}}\times H$$

　$\dfrac{C}{D}$（現金・預金比率）＝c、$\dfrac{R}{D}$（預金準備率）＝rとおくと、

$$M=\dfrac{c+1}{c+r}\times H=m\times H\quad（m：信用乗数）$$

第1章

第2章

第3章

第4章

第5章

第6章

第7章

第8章

日銀がハイパワード・マネー(H)を増やすと、そのm倍のマネー・サプライを生み出せるのである(mは必ず1より大)。

例えば、c=0.1、r=0.01 のとき、日銀がハイパワード・マネーを1兆円増やすと、

マネー・サプライはm=$\dfrac{0.1+1}{0.1+0.01}$=10倍より、10兆円増加することになる。

また、個人が貨幣をすべて銀行に預金して保有しているとすると、

$\dfrac{C}{D}=0$（c=0）となり、信用乗数はm=$\dfrac{1}{r}$となるため、M=$\dfrac{1}{r}$×Hとなり、

これが民間銀行の預金創造の式となる（**Q23**参照）。

⑷法定準備率操作（金融政策）

日本銀行が法定準備率（法定された預金準備率 r）を変更してマネー・サプライ(M)を増減させる金融政策。

$\begin{cases} 法定準備率\,r の低下 \,\to\, 分母が小さくなる \,\to\, 信用乗数 m の増加 \,\to\, \mathbf{M} の増加 \\ 法定準備率\,r の上昇 \,\to\, 分母が大きくなる \,\to\, 信用乗数 m の減少 \,\to\, \mathbf{M} の減少 \end{cases}$

A22 　正解－4

H=C+R……①

$\dfrac{C}{D}=0.4$ より　　C=0.4 D

$\dfrac{R}{D}=0.05$より　　R=0.05D

それぞれを①に代入して、

H=0.4 D+0.05D＝9兆円より、

0.45D＝9

∴　D=20兆円

Q23 民間銀行の預金創造

問　ある企業が手持ちの現金から 500 万円を銀行に預金した。銀行の信用創造の結果、預金総額はいくら増加するか。ただし、法定準備率は 5 ％であるが、市中銀行は 10 ％の預金準備率で貸し出すとする。　　　　　　　　　　　　　　　　　（国税専門官）

1　5000 万円
2　4500 万円
3　4000 万円
4　3500 万円
5　3000 万円

PointCheck

●民間銀行の預金創造（信用創造）　理解を深める ･･････････････････････････【★★☆】

　貨幣は日銀を通じて世の中に配給されるが、日銀から直接お札を受け取る人はほとんどいないはずである。労働者の給料等は主に民間銀行の口座を媒介にして、お札が多くの人の手から手に渡っていく。こうした考え方の１つが、民間銀行の預金創造(信用創造)メカニズムである。

⑴民間銀行の預金創造

　以下は、１つの銀行に発生した預金が、どのようにして増殖していくのかを理論的に描いたものである。

　Ａ銀行 → 最初に100万円の預金が開設された。
　　　　　　　　　↓

　銀行はこれを貸し出すことで利子(利息)が稼げるので、貸そうとする。しかし、法律で全額は貸せない。預金の一定割合を日銀に預ける義務がある(＝法定準備金)。

　この法定準備金を10万円としよう。すなわち、その比率＝法定準備率はどの銀行でも10％（0.1)とする。
　　　　　　　　　↓

　　Ａ銀行の貸出額＝100 万×(1−0.1)＝90万

　この90万円をだれかが借りる。その人がこの90万円で自動車を買うと、その自動車販売会社の銀行口座に90万円の預金が作られる(Ｂ銀行)。

　Ｂ銀行 → 90万円の預金が作られた
　　　　　　　　　↓

　Ａ銀行と同様に、準備率を除いて貸し出す。
　Ｂ銀行の貸出額＝90万×(1−0.1)＝81万
　これが次のＣ銀行の預金になる。

C銀行 → 81万円の預金が作られた

↓

同様にして、次のD銀行、次のE銀行へと預金が創造されていくのである。

預金の総額＝100万＋90万＋81万＋72.9万＋……

（投資の乗数理論と同じ考え方）

⑵預金創造式

$S = a + a \times r + (a \times r) \times r + (a \times r \times r) \times r$ （a：最初の預金、r：貸出率）

$S = a + ar + ar^2 + ar^3 + \cdots + ar^{n-1}$ ……①

両辺にrをかけて、

$rS = ar + ar^2 + ar^3 + \cdots + ar^{n-1} + ar^n$ ……②

①－②より、

$S - rS = a - ar^n$

$(1-r)S = (1-r^n) \times a$

$\therefore \quad S = \dfrac{1-r^n}{1-r} \times a$

ここで、$0 < r < 1$ であり、$n \to \infty$では$r^n \to 0$に収束するので、

$S = \dfrac{1}{1-r} \times a = \dfrac{1}{\text{法定準備率}} \times \text{最初の預金}$

A23 正解−2

銀行の預金創造メカニズムなので、

預金総額＝(1/法定準備率)×当初預金

で原則的には求められる。しかし、市中銀行が独自に10％の預金準備率にしているので、増えた割合も貸出しはされず、結局、銀行の預金準備率が貸出しの基準となる。

したがって、預金総額＝(1/預金準備率)×当初預金＝(1/0.1)×500万＝5000万円

ここでは預金総額がいくら増加するかが問われているので、5000万−500万＝4500万円となる。

Q24 貨幣需要

問 貨幣需要に関する次の記述のうち、妥当なものはどれか。 （地方上級改題）

1 貨幣の取引需要は、主に利子率に依存して決まり、利子率が上昇すると取引需要は減少する。

2 貨幣の取引需要は、主に国民所得の大きさに依存して決まり、国民所得が大きくなると取引需要は減少する。

3 貨幣の資産需要は、主に国民所得の大きさに依存して決まり、国民所得に対する貨幣の資産需要の比率が大きくなっても、利子率は一定である。

4 貨幣の資産需要は、主にマネー・サプライの大きさに依存して決まり、マネー・サプライが増加すると、利子率が低下する。

5 貨幣の資産需要は、主に利子率に依存して決まり、利子率の上昇は流動性選好表を通じて貨幣の資産需要を減らす。

PointCheck

●貨幣需要・・・【★★★】

貨幣需要：人はなぜ貨幣を手に入れようとするのか、という問題である。

ケインズは、この問題には3つの動機があると考えた。

(1)取引動機、(2)予備的動機、(3)投機的動機

(1)取引動機

人々の日常生活の中で、物を買うときの支払いや企業が取引の決済をするには、**取引の決済手段として現金などの貨幣が必要である。**

国の経済が発展する（＝国民所得の増加）につれて、取引・決済用の貨幣もどんどん増えていくため、ケインズは**取引動機に基づく貨幣需要は、国民所得(Y)の増加関数になる**とした。

＜増加関数＞2つのものが同じ方向に動く関係。

(2)予備的動機

万一の状況に備えるために一定割合の貨幣を手に入れておくことである。例えば、急病になったときのために現金をある程度持っておきたい、という心理である。

ケインズは、これも国民所得の増加関数と考えた。

この(1)と(2)を合計した貨幣需要の大きさをL_1とする。L_1は、**国民所得(Y)によって決められ、Yの増加関数となる。**

(3)投機的動機(資産動機)＝ L_2

これが貨幣需要の核心である。自分が十分金持ちであると想定し、**資産をできるだけ増やしたいと考えている**としよう。資産は「貨幣」で持つか「債券」で持つかの二者択一とする（ここでの債券には株も含む）。

さらに、例えば株を買うのは株主としての配当を期待するのではなく、安く買って高く売

第1章

第2章

第3章

第4章

第5章

第6章

第7章

第8章

り、利ザヤを稼ぎ（＝投機）、資産を増やそうとするのである（国債等の債券も同じように市場で売買できる → 安いときに買って値上がりしたときに売る）。

　一方、貨幣市場で大切な利子率(r)について、ケインズは下のように定義する。

　　　r＝確定利回り/債券価格（１万円の債券を１年間持っていれば、500円の利息が確実にもらえるとする）

　　　r＝500円/10000円＝0.05（５％の利子率）

債券は市場で売買されるので、債券価格は変化する。次のことが重要である。

①債券価格が下がっている（安い）→ 利子率は高い（r↑）

　→ 平均的な投資家は今のうちにこの債券を買い、将来値上がりしたらこの債券を売って利ザヤを稼ごうと考える

　→ 資産を貨幣ではなく、債券で持とうとする

　　（貨幣に対する需要は減少する）

②債券価格が上がっている（高い）→ 利子率は低い（r↓）

　→ 高い値段の債券を買って、値下がりでもしたら大損である

　→ 今は、資産を債券ではなく貨幣で持とうとする

　　（貨幣への需要は増加する）

以上のように、**投機的動機に基づく貨幣需要（L_2）は、利子率(r)とは反対の動きをする**（利子率の減少関数という）。これをグラフで表すと、右のようになる。この右下がりのグラフを「流動性選好表」と呼ぶ（**Q25**参照）。

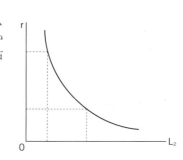

A24　正解－5

1—誤　貨幣の取引需要は、国民所得の大きさで決まる。

2—誤　貨幣の取引需要は国民所得の大きさで決まり、国民所得の増加関数である。したがって、国民所得が大きくなると取引需要も増える。

3—誤　貨幣の資産需要は、利子率に依存して決まるので、後半の文章は無視してよい。

4—誤　肢3の解説参照。

5—正　貨幣の資産需要は利子率の減少関数である。

Q25 ケインズの流動性選好

問 ケインズの流動性選好に関する次の記述のうち、妥当なものはどれか。 （地方上級改題）

1 流動性選好とは、貨幣市場における名目国民所得と貨幣需要との関係をいう。
2 貨幣の投機的需要とは、将来の所得予想から貨幣を需要しようとすることをいう。
3 利子率が上昇すると、投機的動機による貨幣需要は増大する。
4 利子率が低下すると、投機的動機による貨幣需要は増大する。
5 流動性のわなの状態では、投機的動機による貨幣需要はゼロになっている。

PointCheck

◉流動性のわな……………………………………………………………………【★★☆】

　債券価格が高騰している（＝利子率が十分低い）状況で、これからほんの少しでも債券価格が上昇する（＝利子率が下限に達する）と、すべての投資家は、**債券価格の下落（＝利子率の上昇）を予想**することから、債券ではなく、貨幣を需要しようとする。この状況が流動性のわなであり、**貨幣に対する需要が無限大**になるケースである（グラフでは、下限の利子率の水準で、L_2 が水平になる）。

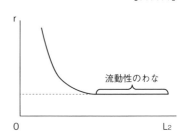

◉貨幣市場の均衡……………………………………………………………………【★★☆】

　貨幣市場は、貨幣需要（L）と貨幣供給（M）とが一致するところで均衡する。

　貨幣需要：$L＝L_1(Y)＋L_2(r)$
　貨幣供給：M（一定）

　→ 貨幣市場の均衡：$L_1(Y)＋L_2(r)＝M$

　L_1はrの関数ではなく、国民所得Yの関数なので、ある経済の大きさに対して一定の大きさのL_1があると考える。そして、L_2と貨幣供給量M_0（一定）との関係から貨幣市場はE点（$L_1＋L_2＝$Mの点）で均衡することになる。貨幣市場の均衡から、均衡利子率r*が決まる。

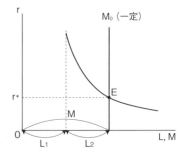

貨幣供給量（マネー・サプライ）の増加
＝ M_0 から M_1 に右シフト

マネー・サプライの増加は、結果として利子率の低下をもたらす。利子率の下落は、投資の増加をもたらし、投資の乗数効果が働いて国民所得を増加させることになる（ケインズ効果）。

→ ただし、経済が流動性のわなに陥ると、マネー・サプライを増加させても利子率は不変なので、効果はない。

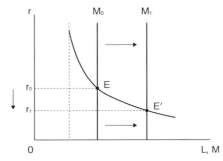

第1章
第2章
第3章
第4章
第5章
第6章
第7章
第8章

A25　正解ー4

1―誤　流動性選好とは資産を貨幣で持つか債券で持つかの選好をいう。

2―誤　貨幣の投機的需要は将来の利子率予想に依存する。

3―誤　利子率が上昇する＝債券価格の下落 → 今のうちに債券を買って値上がりしたときに売ればもうかるが、貨幣に対する需要は減る。

4―正　利子率が低下すると、債券より貨幣の需要が増加する。

5―誤　流動性のわなでは、投機的動機による貨幣需要は無限大になっている。

Q26 古典派の貨幣市場

問 貨幣数量説に関する次の文中 A ～ D に入るものが、すべて正しいのはどれか。

貨幣数量説では、M を貨幣供給量、V を貨幣の流通速度、P を物価水準、T を取引総量を示すものとすると、MV ＝ PT、または、M ＝ kPT（ただし、k ＝ 1/V）と定式化される。そこで、V、T、k が一定不変である間は、M と P は〔 **A** 〕に動くことになる。このような関係は、マネーサプライが〔 **B** 〕に影響を与えることなく、〔 **C** 〕にのみ影響を与えるという〔 **D** 〕の主張に根拠を与えることになる。 (地方中級改題)

	A	B	C	D
1	比例的	実物経済	物価水準	古典派
2	比例的	物価水準	実物経済	ケインズ派
3	比例的	実物経済	物価水準	ケインズ派
4	反比例的	物価水準	実物経済	古典派
5	反比例的	物価水準	実物経済	ケインズ派

PointCheck

●**古典派の貨幣市場**・・【★☆☆】

ケインズ以前の古典派の貨幣市場は、フィッシャーの交換方程式とマーシャルの現金残高方程式に大別される。各理論の内容と意味を正確に理解することが大切となる。単独での出題は少なく、貨幣需要全般についての出題の一部分で出されることが多い。

●**フィッシャーの交換方程式**・・・【★★☆】

例えば、単純な経済で考えてみよう。1本200円の鉛筆が年間で1本だけ生産され、それが取引されるとする。そうすると、総取引額は、200円×1本と表せる。一方、鉛筆を買うには貨幣が必要である。例えば、100円玉だけが通貨として存在しているとする。そうすると、この鉛筆1本を買うには100円玉が2個あれば取引成立である。これが交換方程式のもとである。すなわち、

100円玉×2個＝200円×1本

と表せるのである（ただし、2個というのは、正確には100円玉がある人からある人に2度渡って＝2回転して2個集まったと考える）。

この関係がすべての経済活動にあてはまるとして、文字式で表すと次のようになる。

100円玉＝貨幣量＝M、2個＝2回転＝V、200円＝価格＝P、1本＝取引量＝T

MV＝PT → これがフィッシャーの交換方程式である。

＊Vを貨幣の流通速度といい、ある1万円札が年間で何回人手に渡ったかを表す。

〔式の意味〕

　V、Tは短期的には一定だと考えるので、M（マネー・サプライ）を増やすと、P（物価）も同じだけ増える。

　＊古典派ではマネー・サプライを増やしても、ただ物価が比例して上がるだけになる。

●マーシャルの現金残高方程式………………………………………………【★★☆】

　フィッシャーの交換方程式を少しだけ変形すると、マーシャルの現金残高方程式になる。その前提として、年間の総取引量(T)の分だけ財が生産されたと考えよう。

　すなわち、T＝年間の総生産量＝実質国民所得y(実質GDP＝Y/P)とみなすのである。

　そうすると、　MV＝PT → MV＝Py　となる。

　これから、M＝(1/V)×Pyとなり、　1/V＝kとおくと、

　　M＝kPy → これがマーシャルの現金残高方程式である。

〔式の意味〕

　Py＝ 名目国民所得（金額表示での国民所得）のk倍だけ貨幣が需要される。

＊古典派の貨幣需要は、ケインズの考えた取引動機だけに該当する。

〔kの意味〕

　マーシャルのkと呼ばれる。上の式を変形して、

$$k = \frac{M}{Py} = \frac{マネー・サプライ}{名目GDP}$$

＊古典派の流れをくむマネタリストは、kは安定的だと主張する。

A26　正解—1

(1)フィッシャーの交換方程式MV＝PT

　一国全体で、VとTは短期的には不変と仮定することから、Mの増加（マネー・サプライの増加）は、〔A〕比例的にPの増加(物価の上昇)に結びつくことを示している。すなわち、〔D〕古典派では、マネー・サプライの変化は、〔B〕実物市場(財市場)には影響を与えることはなく、〔C〕ただ物価の上昇を招くだけとなる。こうした観点から、「貨幣のヴェール観」といわれている。

(2)マーシャルの現金残高方程式

　　MV＝Pyより

　　M＝ 1/V×Py

　ここで、1/V＝kとおくと、M＝kPyが求まる。

　すなわち、貨幣(M)は、名目国民所得(Py)あるいは取引高に比例(k倍)して需要されることを説明している。

Q27 ケインズの貨幣需要

問 貨幣需要に関する次の記述のうち、妥当なものはどれか。 （地方上級改題）

1　ケインズの流動性選好説は、取引動機による貨幣需要は利子率の減少関数であり、投機的動機による貨幣需要は所得の増加関数であるとする理論である。

2　トービンの資産選択理論は、投機的動機に基づく古典派の貨幣数量説を発展させた、保有する安全資産（貨幣）と危険資産（債券・株式など）の組合せによる貨幣需要の理論である。

3　トービンやボーモルの在庫理論アプローチは、貨幣の取引需要を貨幣保有の機会費用を用いて説明し、貨幣需要は国民所得の増加関数で利子率の減少関数とする理論である。

4　フィッシャーの数量方程式は、ケンブリッジ方程式とも呼ばれ、マーシャルのkを用いて貨幣量と所得の比を表したものである。

5　フリードマンの新貨幣数量説は、貨幣の流通速度は利子率に依存せず、貨幣需要には影響を及ぼさないとする理論である。

PointCheck

●取引動機・予備的動機に基づく貨幣需要（L₁）　繰り返し確認　……………【★★★】

$$L = L_1(Y) \qquad \frac{\Delta L_1}{\Delta Y} > 0 \qquad （増加関数：2つのものが同じ方向に動く関係）$$

(1)取引動機に基づく貨幣需要

人々の日常生活の中で、物を買うときの支払や企業が取引の決済をするために現金などの貨幣が必要である。国の経済が発展する（＝国民所得の増加）につれて、取引・決済用の貨幣需要も増加するので、ケインズは、取引動機に基づく貨幣需要は、国民所得(Y)の増加関数になるとした。

(2)予備的動機に基づく貨幣需要

これは、万一の支出に備えるために人は貨幣を手に入れておくということである。ケインズは、これも国民所得の増加関数と考えた。

●投機的動機に基づく貨幣需要（資産需要）（L₂）　理解を深める……………………【★★★】

これが、貨幣需要の核心である。自分が十分金持ちであると想定し、資産をできるだけ増やしたいと考えているとしよう。資産は〝貨幣〟で持つか〝債券〟で持つかの二者択一とする（ここでの債券には、株も含んでいる）。さらに、この人は、例えば株を買うのは株主としての配当を期待するのではなく、安く買って高く売ることで利ザヤを稼ぐ（＝投機）ことで資産を増やすと考える。

$$（債券）利子率(r) \qquad r = \frac{確定利息}{債券価格}$$

問題でPoint を理解する

Level 2 **Q27**

第1章

第2章

第3章

第4章

第5章

第6章

第7章

第8章

確定利息：債券価格にかかわらず、例えば年間500円の利息が確実に配当される。

債券価格：債券は市場で売買されるので、債券価格は変動する。

(例) 利子率$r = \dfrac{500円}{10000円} = 0.05$　（5％の利子率）

　　債券価格の下落 → 5000円になった。

　　$r = \dfrac{500円}{5000円} = 0.1$　（10％の利子率＝<u>利子率の上昇</u>）

　　債券価格の上昇 → 20000 円になった。

　　$r = \dfrac{500円}{20000円} = 0.025$　（2.5％の利子率＝<u>利子率の下落</u>）

このように、債券価格と利子率とは反対の動きをする。

(a)債券価格が安い（下がっている） → <u>利子率は上昇</u>($r\uparrow$)

　　→ 投資家は将来値上がりしたら債券を売って利ザヤを稼ごうと考える

　　→ 資産を貨幣ではなく(流動性を手放し)、債券で持つ(貨幣への需要は減少)

(b)債券価格が高い → <u>利子率の下落</u>($r\downarrow$)

　　→ 高い値段の債券を買って、値下がりしたら大損である

　　→ 今は、資産を債券ではなく、(流動性の高い)貨幣で持とう(貨幣への需要は増加)

以上の考え方から、投機的動機に基づく貨幣需要(L_2)は、利子率(r)とは反対の動きをすることになる。すなわち、利子率の減少関数になる。

$$L = L_2(r) \qquad \frac{\varDelta L_2}{\varDelta r} < 0$$

この右下がりの曲線が「流動性選好関数」である。

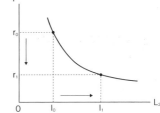

貨幣需要は、ケインズの考え方を中心に文章題での出題が多くなっている。ケインズの3つの動機について、その内容をしっかりマスターしておく必要がある。

A27　　正解ー3

1－誤　貨幣需要は、取引動機＝国民所得の増加関数、投機的動機＝利子率の減少関数。

2－誤　トービンの資産選択による貨幣需要理論は、ケインズの貨幣需要の拡張である。

3－正　取引需要は国民所得だけでなく利子率にも依存すると考える（**Q29** 参照）。

4－誤　フィッシャーの数量方程式（交換方程式）から、マーシャルの現金残高方程式（ケンブリッジ方程式）が導かれたのである（**Q26** 参照）。

5－誤　貨幣は資産選択の一形態ととらえるので、貨幣の流通速度は利子率に依存する。

Q28 貨幣供給と信用乗数

問　公衆の保有する現金通貨をC、預金通貨をD、市中銀行の支払い準備金をR、ハイパワード・マネーをH、マネー・サプライをMとする。このとき、

　　M＝C＋D
　　H＝C＋R

が成り立つものとする。

　今、現金・預金比率C/D＝0.3、支払い準備金・預金比率R/D＝0.2であるとすると、ハイパワード・マネーが20億円増加された場合、貨幣乗数式に基づいて計算したときのマネー・サプライの増加額はどれか。

(地方上級)

1　　30億円
2　　48億円
3　　50億円
4　　52億円
5　　100億円

PointCheck

●日銀による金融政策　理解を深める ……………………………………………【★★★】

⑴金融政策

　各国の中央銀行がマネー・サプライ増減や金利変更を通じて民間経済に影響を与える政策。
→ 貨幣市場すなわちLM曲線に影響(＝マネー・サプライの増減 → LM曲線のシフト要因)

⑵公定歩合操作（貸出政策）

　公定歩合：日銀が市中金融機関に貸し出すときの金利
　＊正確には、銀行が保有する信用度の高い手形を現金化する時の再割引率。
　公定歩合の引下げ → 市中金利引下げ → 景気刺激 → マネー・サプライ増加
　公定歩合の引上げ → 市中金利引上げ → 景気にブレーキ → マネー・サプライ減少

⑶公開市場操作

　日本銀行が手形や債券を公開市場で不特定多数の顧客に売ったり買ったりすることでマネー・サプライを管理することである。
買いオペレーション：日銀が市中銀行の債券を買い取り → 当座預金口座(無利息)に現金
　　　　　　　　　 → 銀行は顧客への信用供与(融資)を拡大 → マネー・サプライ増加
売りオペレーション：日銀が市中銀行に債券を売却 → 当座預金から現金が日銀へ吸収
　　　　　　　　　 → 法定準備減少 → 顧客への信用供与を削減 → マネー・サプライ減少

⑷準備率操作

　日銀が行う準備率操作(支払準備率操作・預金準備率操作・法定準備率操作)は、民間銀行が預金の払出しに備えて日銀に保有する当座預金残高を操作することで、貸出しに回せる貨

幣量を調整するものである。好景気のときは準備率を上げて（金融引締め）、民間銀行が貸出しや投資に回せる貨幣量を減少させ、マネー・サプライを減少させ、金利を上昇させる。逆に不景気のときは準備率を下げて（金融緩和）、マネー・サプライを増加させ、金利を低下させる。ただ、1991年10月に変更されて以来、日銀は準備率の変更を行っておらず、その間、日銀の当座預金残高の調整による量的緩和政策などが行われてきた。

● 貨幣供給と信用乗数　　繰り返し確認 ……………………………………………【★★★】

日銀の「ハイパワード・マネー(H)」＝現金通貨(C)＋民間銀行の準備(R)……①

世の中に流通する「マネー・サプライ(M)」＝現金通貨(C)＋預金(D)……②

　①②より、$\dfrac{M}{H}=\dfrac{C+D}{C+R}$　$M=\dfrac{C+D}{C+R}\times H$

この式の分母・分子をDで割り、$\dfrac{C}{D}$（現金・預金比率）＝c、$\dfrac{R}{D}$（預金・準備率）＝r とおくと、

　$M=\dfrac{c+1}{c+r}\times H=mH$　（m：信用乗数＝$\dfrac{c+1}{c+r}>1$）

日銀がハイパワード・マネー（H）を増やすと、m倍のマネー・サプライを生み出せる。

また、個人が貨幣をすべて銀行に預金して保有しているとすると、

　$\dfrac{C}{D}=0$（c＝0）となり、$M=\dfrac{1}{r}\times H$　（民間銀行の預金創造の式）

Level up Point!　貨幣供給のみの出題は少ないが、信用乗数を中心とする計算問題がときどき出題されている。ハイパワード・マネー（マネタリー・ベース）とマネー・サプライ（マネー・ストック）との関係や金融政策との関連で出題されることが多い。

A28　正解ー4

（貨幣乗数式）

　$M=\dfrac{c+1}{c+r}\times H$……①

ここで、

　c＝C/D＝現金・預金比率

　r＝R/D＝準備金・預金比率（預金準備率）

C/D＝0.3、　R/D＝0.2を①に代入して、

　$\varDelta M=\dfrac{0.3+1}{0.3+0.2}\times 20億円=\dfrac{1.3}{0.5}\times 20億円$

　∴　$\varDelta M＝52億円$

Q29 貨幣需要に関する諸説

問 貨幣需要に関する次の記述のうち、妥当なものはどれか。 (国家一般)

1　将来の不測の事態に備えるための貨幣需要は予備的貨幣需要と呼ばれるが、主として利子率の減少関数と見られている。
2　古典的な貨幣数量説では、貨幣需要は国民所得と利子率の増加関数と考えられている。
3　ケインズの流動性トラップが生じる場合には、貨幣需要は利子率に対して非弾力的となる。
4　貨幣需要の在庫理論アプローチによると、取引貨幣需要は利子率の減少関数と考えられる。
5　組織化された証券市場から利益を得る目的で貨幣を保有する場合を取引動機に基づく貨幣需要という。

PointCheck

●貨幣需要･･･【★★★】
　貨幣需要に関しては、ケインズの3つの動機以外にも古典派やケインズ派など、多面的な出題もあり、各々について確実に整理し、理解しておくことが大切である。

(1)ケインズの貨幣需要
　①取引需要（L_1）
　　日常の流通活動の中で、取引や決済に貨幣が必要となる。
　　→ 経済の発展と比例して取引需要も増大していく → 取引需要は国民所得(Y)の増加関数
　②予備的需要（L_1）
　　万一の支出に備えるために、一定の貨幣を需要する。
　　→ この需要も経済発展に比例して増加していく → 国民所得(Y)の増加関数
　③投機的需要（資産需要）（L_2）
　　これは、資産運用を考えたケースの貨幣需要である。ケインズは、資産を債券（株を含む）で持つか貨幣で持つかを選好することを考えた。例えば、債券利子率(r)が低く（高く）、債券価格が高い（安い）状況では、投資家の債券購入意欲が低い（高い）ことから、貨幣需要が大きく（小さく）なる。
　　以上により、投機的需要は、利子率(r)の減少関数で表される。

(2)流動性のわな
　債券価格が高騰しており、利子率が下限に達すると、すべての投資家は、債券価格の下落を予想することから、資産をすべて貨幣で需要しようとするケースである。すなわち、貨幣需要が利子率に対して無限に弾力的となり、流動性選好関数の水平部分で表される。

(3)ボーモル＝トービンの在庫理論アプローチ（ケインズ派）
　ケインジアンであるボーモルとトービンが、取引動機に基づく貨幣需要（L_1）に関して、

第1章

第2章

第3章

第4章

第5章

第6章

第7章

第8章

理論を拡張したものが在庫理論アプローチである。

①ケインズ → 取引需要（L_1）は国民所得(Y)のみに依存する

$L_1＝L_1(Y)$

②ボーモル＝トービン → 取引需要(L_1)は国民所得(Y)だけでなく利子率(r)にも依存する

$L_1＝L_1(Y, r)$

取引需要に基づく貨幣は、一定期間、内部留保されることが多く、その期間に運用を考えるのである。すなわち、取引需要の貨幣を適正な在庫管理という立場から理論を拡張したものである。

すぐに決済する必要がないときには、一定期間、利息のつく運用に貨幣を回すことになる。このことから、市場利子率が高いときには、運用に回すことになり、取引用の貨幣の減少につながることから、取引貨幣需要は利子率(r)の減少関数で表されるのである。

$$L_1＝L_1(Y, r) \quad \frac{\Delta L_1}{\Delta Y}＞0 \quad （増加関数）$$

$$\frac{\Delta L_1}{\Delta r}＜0 \quad （減少関数）$$

Level up Point! 　貨幣需要の要因は、LM 曲線による分析の背景として重要であるが、あくまでも１つの説明の仕方にすぎない。深入りするのではなく、考え方の筋道をおさえ、キーワードの組立て・流れで処理できるように準備しておきたい。

A29 　正解－4

1－誤　ケインズの予備的動機に基づく貨幣需要は、国民所得の増加関数である。

2－誤　古典派の貨幣需要は、利子率とは無関係であり、（名目）国民所得あるいは取引高に比例して決まる（**Q26**参照）。

3－誤　ケインズの流動性トラップ（わな）では、貨幣需要は利子率に対して無限に弾力的となる。

4－正　利子率が高いときには運用に回され、取引用の貨幣は減少する。

5－誤　組織化された証券市場で利益を得る目的で貨幣を保有するのは、投機的動機に基づく貨幣需要である。

Q30 貨幣市場

問 貨幣の需要・供給に関する次の記述のうち、妥当なものはどれか。 （国税専門官）

1 ある所得を生み出す過程で、その経済に投入される貨幣ストックが何回転したかを示したのが、マーシャルのkである。

2 金利が十分低くなり、貨幣需要の利子弾力性が無限大になる現象を「流動性のわな」と呼ぶ。

3 素朴な貨幣数量説では、縦軸に金利を横軸に所得をとった場合のLM曲線は水平である。

4 貨幣供給は、中央銀行のコントロールのみによって変化するものであり、民間の経済活動からの影響を受けることはない。

5 予想外の貨幣取引に備えるための貨幣需要は、資産需要と呼ばれ、金利の減少関数となる。

PointCheck

●貨幣市場—需要と供給　　繰り返し確認　　……………………………………【★★★】

貨幣市場の分野では、ケインズによる市場の均衡および流動性のわなについて正確に理解することが重要であり、古典派の貨幣市場との違いについてまとめておくことが大切である。

(1)ケインズの貨幣市場

① 貨幣需要(L)：$L = L_1(Y) + L_2(r)$

② 貨幣供給(M)：M（一定）

(2)貨幣市場の均衡

L＝M

∴ $L_1(Y) + L_2(r) = M$

貨幣市場の均衡：E点で貨幣市場が均衡し、均衡利子率(r_0)が決まる。

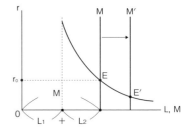

↓

金融当局が、マネー・サプライを増やす（M′）と利子率が下落し、利子率の下落が投資の増加を生み出し、投資乗数を通じて国民所得が増加することになる（ケインズ効果）。

(3)流動性のわな

利子率（金利）が下限に達する（債券価格が上限になる）と、すべての投資家が、債券価格の下落を予測することから、貨幣が無限に需要される状況をいう（貨幣需要の利子弾力性が無限大のケース）。

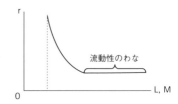

⑷古典派の貨幣市場

①フィッシャーの交換方程式

MV＝PT（MとPの比例的関係）→ 貨幣のヴェール観

②マーシャルの現金残高方程式

M＝kPy（ただし、k＝1／v → 貨幣の流通速度の逆数）

一国全体で、名目国民所得あるいは取引高のk倍だけ貨幣が需要される。

Level up Point!　貨幣市場の分野では、ケインズによる市場の均衡および流動性のわなについて正確に理解することが重要であり、古典派の貨幣市場との違いについてまとめておくことが大切である。

A30　正解－2

1－誤　貨幣量をM、物価をP、実質所得をyとすると、M＝kPyが成り立ち、このkがマーシャルのkと呼ばれている。本肢の記述は貨幣の流通速度に関するもので、このマーシャルのkの逆数がこれに該当する。

2－正　このときLM曲線は、横軸に対して水平となり、金融政策は無効となる。

3－誤　素朴な貨幣数量説（古典派の貨幣数量説、M＝kPy）は、貨幣需要は利子率とは独立に国民所得に比例すると考えられている。したがって、実質貨幣需要ky と実質貨幣供給 m＝M/Pが等しいことから、LM曲線を表すy＝m/kが得られ、これは横軸に対して垂直となる。

4－誤　貨幣乗数は次の式のHの係数で表される。

$$M=\frac{c+1}{c+r}\times H$$

ここで、M：貨幣の供給量、c：C/D、C：現金通貨

D：預金通貨、r：支払準備率（＝R/D）

R：支払準備金、H：ハイパワード・マネー（＝C+R）

上式によれば、r＜1なので貨幣乗数は1より大きく、MはHに貨幣乗数をかけた分だけ増加する。rは、中央銀行がコントロール可能であるが、現金預金比率cは民間サイドで決定される。

5－誤　予想外の貨幣取引に備えるための貨幣需要は、貨幣の予備的動機に基づく貨幣需要であり、主に所得の増加関数となる。資産需要は、資産を債券と貨幣のどちらで保有するかの選択から生じる投機的需要を表す。

第1章
第2章
第3章
第4章
第5章
第6章
第7章
第8章

1 IS曲線

Level 1 ▷ **Q31,Q32,Q34,Q36**   Level 2 ▷ **Q37〜Q40**

(1)IS曲線とは ▶p74 ▶p76

財市場の均衡（投資I＝貯蓄S）を表す曲線。
（「利子率r＝縦軸」と「国民所得Y＝横軸」との関係で）

(2)右下がりの曲線

利子率が下落 → 投資の増大 → 投資乗数 → **国民所得の増加**

(3)IS曲線の形状

投資の利子弾力性の大きさで決まる。

①投資の利子弾力性が小さい（図1）

利子率が下がってもほとんど投資は増えない。

→ 国民所得の増え方も小さい（傾きは急）

②投資の利子弾力性が大きい（図2）

利子率の下がる割合以上に投資が大きく増える。

→ 国民所得の増え方も大きい（傾きは緩やか）

(4)IS曲線のシフト

①IS曲線の右（上方）シフト（図3）

・政府支出Gを増やす → 政府支出乗数 → 国民所得の増加
（利子率一定のままで国民所得の増加）

・限界貯蓄性向の低下 → 消費の増加（総需要の増加）
→ 国民所得の増加

②IS曲線の左（下方）シフト

・増税 → 可処分所得の減少 → 消費の減少（総需要の減少）
→ 国民所得の減少

・貯蓄意欲の増加 → 消費の減少（総需要の減少）
→ 国民所得の減少

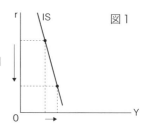

図1

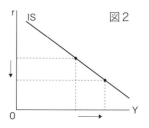

図2

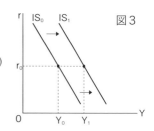

図3

2 LM曲線

Level 1 ▷ **Q31,Q32,Q34,Q36**   Level 2 ▷ **Q37〜Q40**

(1)LM曲線とは ▶p75 ▶p77

貨幣市場の均衡（貨幣需要L＝貨幣供給M/P）を表す曲線。
（「利子率r＝縦軸」と「国民所得Y＝横軸」との関係で）

(2)右上がりの曲線

貨幣需要 $L = L_1(Y) + L_2(r)$

なんらかの理由で**国民所得Yが増加**した → 貨幣の取引需要L_1も増加（L_1はYの増加関数）
→ 貨幣供給は不変なので**需給が一致するにはL_2が減少**

全体像をつかむ
POINT整理

第1章

第2章

第3章

第4章

第5章

第6章

第7章

第8章

→ L_2が減少する＝利子率rが上昇[$M/P=L_1\uparrow+L_2\downarrow$]

(3)LM曲線の形状

貨幣需要L_2の利子弾力性の大きさで決まる。

①貨幣需要L_2の利子弾力性が小さい（図4）

利子率が大きく上昇してもL_2の減少は小さい。

→ 市場が均衡を保つためにL_1も小さく増える

→ 国民所得が少しだけ増加（傾きは急）

②貨幣需要L_2の利子弾力性が大きい（図5）

利子率のわずかな上昇でもL_2は大きく減少。

→ 市場が均衡を保つためにL_1は大きく増加する

→ 国民所得の大幅な増加（傾きは緩やか）

(4)LM曲線のシフト

①LM曲線の右（下方）シフト（物価水準Pは不変）（図6）

・マネー・サプライの増加（国民所得Yは一定）

[$M/P=L_1(Y)+L_2(r)$]

（＋）　（一定）（＋）

上式が示すように、マネー・サプライが増加すると市場が均衡を保つには、L_2が増加する必要がある。このことは、利子率の低下を意味している。

②LM曲線の左（上方）シフト

・マネー・サプライの減少（国民所得Yは一定）

市中の貨幣が不足するので、債券を売って（＝債券価格の下落）貨幣を確保しようとする結果、利子率が上昇する。これによって市場は均衡を保つ。

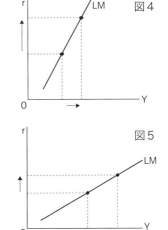

図4

図5

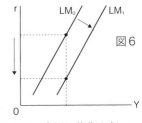

図6

3 財市場と貨幣市場の同時均衡　Level 1 ▷ **Q33,Q35**

財市場の均衡を表すIS曲線（＝右下がり）と貨幣市場の均衡を表すLM曲線（＝右上がり）との交点で、均衡国民所得Y^*と均衡利子率r^*が決まる（図7）。

交点Eで2市場の均衡が実現されるが、この均衡国民所得で完全雇用が達成されているとは限らない。 ▶p78 ▶p82

図7

4 流動性のわな　Level 1 ▷ **Q34,Q36**

ケインズの貨幣市場において、流動性選好関数（右下がりの曲線）＝$L_2(r)$の一定部分が「水平」になるところである。利子率がある水準まで下がり債券価格は最高値に達しているので、日銀が**マネー・サプライを増やしても（＝LM曲線の右シフト）利子率は不変のままとなり、投資の増大による国民所得の増加は実現できない（＝金融政策の無効）。**

流動性のわな＝LM曲線の水平部分（**貨幣需要の利子弾力性が無限大**） ▶p81

Q31 財市場・貨幣市場の均衡

📖 **IS-LM曲線に関する次の記述のうち、妥当なものはどれか。** (国家一般)

1 IS曲線とは財市場の均衡を保証する利子率と国民所得との組合せを表す曲線であり、減税によって左下方シフトする。

2 LM曲線とは貨幣市場の均衡を保証する利子率と国民所得との組合せを表す曲線であり、マネー・サプライが増加すると左上方シフトする。

3 IS－LM分析はケインズの一般理論をもとにM. フリードマンが構築した不均衡分析論である。

4 IS曲線とLM曲線の交点では、財市場の均衡および貨幣市場の均衡が実現されるとともに債券市場の均衡も成立している。

5 IS曲線とLM曲線の交点で均衡国民所得が決定されるが、これはまた完全雇用国民所得でもある。

PointCheck

● **IS曲線** ⋯⋯⋯⋯⋯⋯⋯⋯⋯⋯⋯⋯⋯⋯⋯⋯⋯⋯⋯⋯⋯⋯⋯⋯⋯⋯⋯⋯⋯⋯⋯⋯⋯【★★★】

⑴財市場の均衡条件

第2章で、財市場の均衡という問題に取り組んだことを思い出してみよう。IS曲線は、まさしくこの財市場の均衡を表す曲線である。

財市場が均衡する条件とは、**総需要(Y_d) = 総供給(Y_s)** である。

$Y_d = C+I$　$Y_s = C+S$　で、$Y_d = Y_s$より、

I＝S（投資と貯蓄が一致）

これが、もう1つの均衡条件である。

すなわちISとは、財市場の均衡条件を示す投資 (Investment) と貯蓄 (Saving) を意味する英語の頭文字をとってネーミングされた曲線である。

⑵IS曲線は右下がり

IS曲線は、財市場で総需要と総供給が均衡する国民所得(Y)と利子率(r)との組合せを表す曲線である。横軸を国民所得、縦軸を利子率として、右下がりの曲線になる。

例えば、今、利子率が10％としよう。かなり高い利子率である。一方、設備投資したときの予想収益率を6％とする。そうすると、10％を超える予想収益率(=資本の限界効率) が見込める企業だけが投資するので、投資は少ないだろう。

ところが、利子率が3％まで下がったとすると、より多くの企業のプロジェクトが実現されるので投資は増える（→ 乗数 → 国民所得の増加〈右下がり〉）。

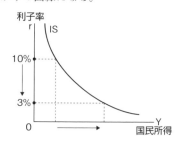

問題でPointを理解する
Level 1 Q31

第1章
第2章
第3章
第4章
第5章
第6章
第7章
第8章

● LM曲線 ···【★★★】

(1)貨幣市場の均衡条件

LM曲線は第3章で学んだ貨幣市場の均衡を表す曲線である。

貨幣市場が均衡する条件とは、**貨幣需要(L)＝貨幣供給(M)**

$L = L_1 + L_2$　$M = M_S$（一定）

（L_1：取引・予備的動機による貨幣需要、L_2：投機的動機による貨幣需要、

M_S：マネー・サプライ）

LMとは貨幣市場の均衡条件を示す貨幣需要（のうち、L_2の流動性選好）と貨幣供給の英語の頭文字（流動性選好＝Liquidity Preference、マネー・サプライ＝Money Supply）。

(2)LM曲線は右上がり

LM曲線は、貨幣市場で貨幣需要と貨幣供給とが均衡する国民所得(Y)と利子率(r)との組合せを表す曲線である。横軸を国民所得、縦軸を利子率として、右上がりの曲線になる。ただし、**マネー・サプライは物価(P)の変動に影響されるので、形式上MではなくM/P（実質マネー・サプライ）とおかれる。**

したがって、貨幣市場の均衡は、L＝M/Pとなる。

今、国民所得がY_0であり市場を均衡させる利子率もr_0だとしよう。それを示すのが図のa点である。さて、なんらかの理由で国民所得がY_0からY_1に増加した。そうすると、貨幣の取引需要も増加する。一方、M/Pの大きさは不変なので、需給均衡のためには貨幣の投機的需要が減少しなければならない。そのために利子率が上昇しなければならないことになる。

$[M/P = L_1 \uparrow + L_2 \downarrow]$
（一定）（＋）（−）

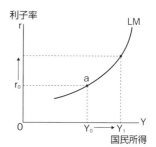

A31　正解ー4

1—誤　減税すると可処分所得の増大を通じ総需要が増加し、IS曲線は右上方シフトする。

2—誤　マネー・サプライが増加するとLM曲線は右下方シフトする。

3—誤　ヒックスおよびハンセンが、一般理論をもとに構築した均衡理論である。

4—正　財市場および貨幣市場が均衡すれば、その背後にある債券市場も自動的に均衡する（**Q41**参照）。

5—誤　財市場および貨幣市場が同時に均衡しても、完全雇用が実現しているとは限らない。労働市場が考慮されていないからである。

Q32 IS－LM 曲線以外の領域

問 下図において、各点 a、b、c、d に関する次の記述のうち、妥当なものはどれか。

(地方上級)

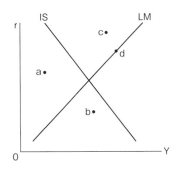

1 a点では財市場は超過供給であり、貨幣市場では超過需要である。
2 b点では財市場は超過供給であり、貨幣市場でも超過供給である。
3 c点では財市場は超過需要であり、貨幣市場でも超過需要である。
4 c点では財市場は超過需要であり、貨幣市場では超過供給である。
5 d点では財市場は超過供給であり、貨幣市場では均衡している。

PointCheck

◉IS−LM曲線以外の領域··【★★☆】
⑴IS曲線以外の領域

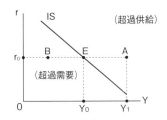

①A点（ISの右側の領域）
　財市場の均衡点であるE点とA点では利子率(r_0)は同じなので、投資(I)は同じとなり、比べる必要がない。
　したがって、残りの国民所得の大きさで比べる。国民所得が関係するのは、貯蓄S＝S(Y)である。E点(Y_0)よりもA点(Y_1)の方が国民所得が大きいことから、A点の方が貯蓄も大きいことになる。この結果、A点では、貯蓄超過＝超過供給となっている。

問題でPoint を理解する
Level 1 **Q32**

第1章
第2章
第3章
第4章
第5章
第6章
第7章
第8章

②B点（ISの左側の領域）

　①とは逆に〝超過需要〟が発生している。

(2) LM曲線以外の領域

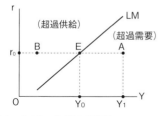

①A点（LMの右側の領域）

　貨幣市場の均衡点であるE点とA点では、利子率（r_0）が同じなので、投機的需要（L_2）は同じ大きさである。したがって、取引需要 $L_1=L_1(Y)$ で比べると、E点よりもA点の方が国民所得が大きいことから、取引需要の超過、すなわち〝超過需要〟が発生していることになる。

②B点（LMの左側の領域）

　①とは逆に〝超過供給〟が発生している。

A32　正解ー5

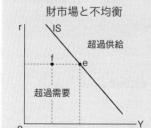

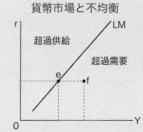

e点よりもf点の方が国民所得Yが小さい
→ f点の貯蓄が少ない＝投資が多い
＝需要の超過

e点よりもf点の方が国民所得Yが大きい
→ 貨幣の取引需要がe点よりも大きい

1―誤　a点：財市場は超過需要、貨幣市場は超過供給。

2―誤　b点：財市場は超過需要、貨幣市場は超過需要。

3―誤　c点：財市場は超過供給、貨幣市場は超過供給。

4―誤　肢3と同じで、財市場は超過供給。

5―正　d点：財市場は超過供給、貨幣市場はLM曲線上なので均衡。

Q33 IS － LM 分析の計算問題

問 ある経済において財市場と貨幣市場が以下の式で示されるとき、均衡国民所得はいくらか。 (地方上級)

$$Y = C + I + G$$
$$C = 0.8Y + 40$$
$$I = 100 - 5r$$
$$G = 80$$
$$L = 0.2Y - 5r + 200$$
$$M/P = 400$$

(Y：国民所得、C：消費、I：投資
G：政府支出、r：利子率・パーセント表示
L：実質貨幣需要、M/P：実質マネーサプライ)

1 1000
2 1050
3 1100
4 1150
5 1200

PointCheck

● IS－LM曲線 ・・・【★★☆】

　IS－LM分析では、理論問題もよく出されるが、計算問題も頻出となっている。それぞれ、IS曲線、LM曲線の式の形を求めて、連立して解くことが原則である。

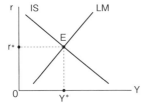

$\begin{cases} Y^* = 均衡国民所得（完全雇用とは限らない） \\ r^* = 均衡利子率（パーセント表示） \end{cases}$

⑴IS曲線の表し方

　財市場の均衡より

　　Y＝C＋I＋G ← 条件式から、国民所得(Y)と利子率(r)の式にC、I、Gを代入して、

　　　Y＝0.8Y＋40＋100－5r＋80より

　　∴　0.2Y＝220－5r

〔IS曲線〕

$\begin{cases} Y = 1100 - 25r \\ r = -(0.2/5)Y + 44 \rightarrow y = -ax + b のグラフ（右下がり） \\ 0.2Y + 5r = 220 \end{cases}$

〔参考：投資関数I=I(r)〕

I＝100−5r　（ケインズ型、rの減少関数）

　これはrの数値が大きくなっていくと、差し引く数が大きくなり、Iは減っていく（マイナスが減少関数を表す）。

(2)LM曲線

　貨幣市場の均衡より

　　L＝M/P ← 条件式から、国民所得(Y)と利子率(r)の式にL、M/Pを代入して、

　　0.2Y−5r+200＝400より

　　∴　0.2Y＝5r+200

〔LM曲線〕

$$\begin{cases} Y=25r+1000 \\ r=(0.2/5)Y-40 \to y=ax+b のグラフ（右上がり） \\ 0.2Y-5r=200 \end{cases}$$

〔参考：貨幣需要関数L= L_1 (Y)+L_2 (r)〕

　　L＝0.2Y−5r+200

貨幣需要L＝$\underline{L_1(Y)}$　　＋　　$\underline{L_2(r)}$

　　　　　　↓　　　　　　　　↓

　　　　　0.2Y　　　　　　−5r

　　（Yの増加関数）　（rの減少関数）

A33　正解−2

　IS曲線：　Y＝C+I+Gである。それぞれ代入して、

　　　　　　Y＝0.8Y+40+100−5r+80より、

　　　　　　0.2Y+5r＝220……①　（Yとrを左辺に集める）

　LM曲線：L＝M/Pである。よって、

　　　　　　0.2Y−5r+200＝400 より、

　　　　　　0.2Y−5r＝200……②　（Yとrを左辺に集める）

①＋②よりYが求められる(rを消去する)。

　　0.4Y＝420 より、Y＝1050

ちなみに、これを①に代入して、

　　0.2×1050+5r＝220　　∴　r＝2

均衡利子率は2となり、パーセント表示なのでそのまま2％になる。

Q34 投資の利子弾力性・貨幣需要の利子弾力性

問 ある経済が不完全雇用状態にあるとする。この経済のIS－LM曲線に関する次の記述のうち、妥当なものはどれか。

ただし、特段の条件設定がない場合には、IS曲線は右下がり、LM曲線は右上がりであるものとする。

(国家一般)

1 投資の利子弾力性がゼロである場合、IS曲線は水平になる。
2 投資の利子弾力性が無限大である場合、貨幣供給を増やすと均衡利子率が低下する。
3 貨幣需要の利子弾力性がゼロである場合、LM曲線は水平になる。
4 政府が財政支出と租税とを同額だけ増加した場合、均衡利子率は低下する。
5 流動性のわなにおいては、財政支出の増加は均衡利子率を変化させない。

PointCheck

◉IS－LM曲線‥‥‥‥‥‥‥‥‥‥‥‥‥‥‥‥‥‥‥‥‥‥‥‥‥‥‥‥‥‥‥‥【★★★】

⑴IS曲線の傾き

①投資の利子弾力性が小さいケース

利子率が大きく下がる → 投資はほとんど増加しない → 乗数効果も小さい → 国民所得の増加もわずかである

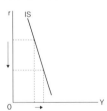

利子率の低下＞国民所得の増加
IS曲線の傾きが大きくなる。(急)

②投資の利子弾力性が大きいケース

利子率のわずかな低下 → より大きく投資が増える → 大きな乗数効果 → 国民所得も大きく増える

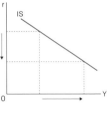

利子率の低下＜国民所得の増加
IS曲線の傾きが小さい。(緩やか)

③投資利子弾力性がゼロ

利子率r_0が変化しても、投資の変化がゼロなので、国民所得も不変となる。(IS曲線は垂直)

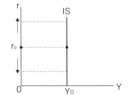

④投資の利子弾力性が無限大

利子率のほんの少しの変化に対して、投資が無限大に反応するので、国民所得も無限大となる。(IS曲線は水平)

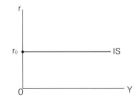

問題でPointを理解する
Level 1 Q34

第1章
第2章
第3章
第4章
第5章
第6章
第7章
第8章

⑵LM曲線の傾き

①貨幣需要の利子弾力性が小さいケース

利子率が大幅に上がっても、L_2はあまり減少しないので、市場が均衡を保つためにL_1もあまり増加する

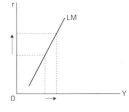

必要がない。したがって、国民所得の増加は少なくてよい。(傾きが急)

②貨幣需要の利子弾力性が大きいケース

利子率のわずかな上昇でも、L_2は大きく減少するので、市場が均衡を保つのにL_1の方が大きく増加する必要が

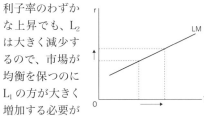

でてくる。このため、国民所得の増加は大きい。(傾きが緩やか)

③貨幣需要の利子弾力性が無限大

(LM曲線の水平部分)

④貨幣需要の利子弾力性がゼロ

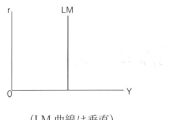

(LM曲線は垂直)

A34 正解－5

1—誤 財市場の均衡条件を示すIS式は、右下がりの投資関数I(r)より導出される。したがって、投資が利子率の変化に反応しない場合(利子弾力性ゼロ)、IS曲線は横軸に対して垂直となる。

2—誤 投資の利子弾力性が無限大の場合、IS曲線は横軸に対して水平に描かれる。金融緩和により貨幣供給を増やせばLM曲線は右シフトするが、IS曲線が水平なために均衡利子率は変化しない。

3—誤 貨幣需要の利子弾力性がゼロの場合、貨幣の投機的需要が利子率に反応しないので、横軸に対して垂直なLM曲線が描かれることになる。

4—誤 政府支出乗数の絶対値は、租税乗数の絶対値より大きいのでIS曲線は財政支出と同額だけ右シフトする。LM曲線が右上がりである限り、均衡利子率は上昇する。

5—正 流動性のわなの状況においては、利子率が下限であると期待されており、貨幣の投機的需要が無限大となっている。このとき、LM曲線は水平であるから、財政支出を増やしてIS曲線を右にシフトさせても、均衡利子率は変化しない。

Q35 IS−LM分析・財政政策の効果

問 ある国のマクロ経済が

$Y = C + I + G$
$C = 40 + 0.7（Y − T）$
$I = 80 − 6r$
$T = 0.2Y$
$L = 100 + 0.4Y − 10r$
$M = 220$
$P = 1.1$
$Y_F = 300$

(Y：国民所得、C：消費、I：投資)
(G：政府支出、r：利子率（%）)
(T：租税、L：貨幣需要量)
(M：名目貨幣供給量、P：物価水準)
(Y_F：完全雇用国民所得)

で示されるとする。

ここで、政府支出により完全雇用を達成するには、政府支出はいくら必要か。ただし、物価水準は一定であるものとする。

（国税専門官）

1 20
2 21
3 22
4 23
5 24

PointCheck

◉IS−LM曲線‥‥‥‥‥‥‥‥‥‥‥‥‥‥‥‥‥‥‥‥‥‥‥‥‥‥‥‥‥‥‥‥‥【★★☆】

IS−LM曲線の計算問題では、財政・金融政策をもとにした増加分を求めさせる問題も出題されているが、政府支出や税率などの大きさ（水準）そのものを問う計算問題も出る。

通常の均衡点（E_0）で実現される国民所得（Y_0）は、ほとんど完全雇用国民所得が実現されないが、このケースでは、政府支出の大きさによって、完全雇用を実現することを考えている。

すなわち、$Y_0＝Y_F$のケースを求めることになる。

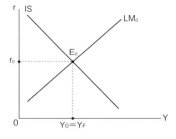

第1章

第2章

第3章

第4章

第5章

第6章

第7章

第8章

(1)政府支出の増加

財市場の均衡：$\uparrow Y = C+I+G\uparrow$

Gの増加 → 政府支出乗数 → Yの増加 → IS曲線の右シフト

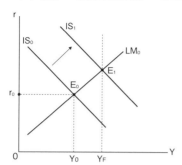

　　本問は、Gの増加を通じて、IS曲線を右シフトさせることで、Y_Fを実現するケースである (財政政策の効果)。

(2)租税の効果

増税 → 可処分所得の減少を通じて、消費が減り、国民所得が減少する

　　　→ IS曲線の左方シフト

減税 → 可処分所得の増加を通じて、消費が増加し、国民所得が増加する

　　　→ IS曲線の右方シフト

A35　正解ー5

(1)IS曲線を求める。

　$Y= C+I+G$より

　$Y=40+0.7(Y-0.2Y)+80-6r+G$

　$\therefore 0.44Y=120-6r+G$……①

(2)LM曲線を求める。

　$L=M/P$より

　$100+0.4Y-10r=220/1.1$

　$\therefore\ \ 0.4Y=100+10r$……②

①②よりrを消去する。

　①×5+②×3より

　$3.4Y=900+5G$

ここで、完全雇用を達成するので、$Y=Y_F=300$となる。

　$3.4\times300=900+5G$より

　$G=24$

Q36 IS－LM 分析・利子弾力性

IS－LM曲線が次の図のように示される場合、①〜⑥のうち、A、B、Cの状態に関する説明として妥当なもののみをすべて挙げているのはどれか。　　　　　　　　　（国家一般）

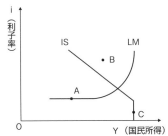

①Aの状態では、貨幣需要は利子率に対して無限に弾力的である。
②Aの状態では、貨幣需要は利子率に対して完全に非弾力的である。
③Bの状態では、財市場、貨幣市場ともに需要超過状態にある。
④Bの状態では、財市場、貨幣市場ともに供給超過状態にある。
⑤Cの状態では、投資は利子率に対して無限に弾力的である。
⑥Cの状態では、投資は利子率に対して完全に非弾力的である。

1 ①、③、⑤　　**2** ①、③、⑥　　**3** ①、④、⑥　　**4** ②、③、⑤　　**5** ②、④、⑤

PointCheck

◉IS－LM曲線のまとめ　　繰り返し確認　　・・　【★★☆】
⑴IS曲線（右下がり）
　①傾き → 投資の利子弾力性の大きさで決まる
　　│投資の利子弾力性が大きい → IS曲線の傾きが緩やか
　　│投資の利子弾力性が小さい → IS曲線の傾きが急
　（例外のケース）投資の利子弾力性がゼロ → IS曲線が横軸に対して垂直
　②シフト
　　│政府支出の増加 → IS曲線の右シフト
　　│貯蓄の増加 → 消費の減少を通じて国民所得の減少 → IS曲線の左シフト
　③IS曲線以外の領域(不均衡)
　　│IS曲線の右側 → 超過供給
　　│IS曲線の左側 → 超過需要

⑵LM曲線（右上がり）

①傾き → 貨幣需要の利子弾力性の大きさで決まる

貨幣需要の利子弾力性が大きい → LM曲線の傾きが緩やか
貨幣需要の利子弾力性が小さい → LM曲線の傾きが急

（例外のケース）貨幣需要の利子弾力性が無限大 → LMの水平部（流動性のわな）

②シフト

名目マネーサプライの増加 → LM曲線の右シフト
貨幣需要の増加 → LM曲線の左シフト

③LM曲線以外の領域(不均衡)

LM曲線の右側 → 超過需要
LM曲線の左側 → 超過供給

●不均衡からの調整‥‥‥‥‥‥‥‥‥‥‥‥‥‥‥‥‥‥‥‥‥【★★☆】

今、経済がA点にあるとする。このA点は、両曲線上から外れているため、不均衡状態となっている。経済(学)では、基本的に不均衡は均衡に調整されていくと考えるので、その過程を説明する。

[前提]財市場と貨幣市場の両市場における調整が存在するが、貨幣市場での調整速度が圧倒的に速いと考えて、貨幣市場のみで調整されることになる。

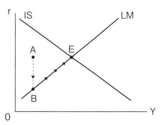

A点は貨幣市場では、LM曲線の左側の領域にあることから、超過供給（貨幣を手放している状態）が発生している。貨幣市場で超過供給が発生しているとき、もう1つの債券市場では、債券に対する〝超過需要〟が発生していることになる。この結果、債券価格が上昇＝利子率の下落が起こり、B点に移る。投資家の中には、債券価格の下落による損失を避けるために、債券を売って貨幣を需要しようとする人も出てくる。この結果、LM曲線に沿って、利子率が上昇（債券価格の下落）し、最終的にE点に収束する。

A36 正解ー3

Aの状態：LM曲線上にはあるが、その水平部分になっていることから、ケインズのいう「流動性のわな」に入っている。

「流動性のわな」＝「貨幣需要の利子弾力性が無限大」

Bの状態：IS−LM曲線以外の領域なので、不均衡である。

IS曲線の右側 → 財市場では超過供給
LM曲線の左側 → 貨幣市場では超過供給

Cの状態：IS曲線上だが、その垂直部分。すなわち、投資の利子弾力性がゼロのケース。

以上より、妥当なのは、①④⑥となる。

Q37 利子弾力性と IS－LM 曲線

問 図に関する次の記述のうち、妥当なものはどれか。
（ただし、M：マネー・サプライ、L：貨幣需要、S：貯蓄、I：投資）　　（国家一般）

1　Mが増えるとLM曲線が左方に移動するため、国民所得は減少する。

2　①の領域ではS＞I、M＞Lの関係が成立する。

3　Lの利子弾力性がゼロのとき、LM曲線は水平になる。

4　②の領域では、S＞I、M＜Lの関係が成立する。

5　政府支出の増加は、LM曲線を右方に移動させる効果を持つ。

PointCheck

◉利子弾力性と IS－LM曲線の形状　　　　　　　　　　　　　　　　　　　　【★★★】

⑴投資の利子弾力性＝利子率の変化に投資がどの程度反応するか

　　[ゼロ]＝利子率には全く反応しない → 一定値（独立投資）、投資関数が垂直
　　　　　　→ IS曲線垂直

　　[無限大]＝利子率がほんの少しでも下がると、投資が無限に増加する
　　　　　　　→ IS曲線水平

⑵貨幣需要の利子弾力性＝利子率の変化に貨幣需要がどの程度反応するか

　　[ゼロ]＝利子率には全く反応しない → L_2（投機的動機に基づく貨幣需要）が垂直
　　　　　　→ LM曲線垂直

　　[無限大]＝利子率がほんの少しでも下がると、貨幣需要が無限に増加する
　　　　　　　→ LM曲線水平

問題でPointを理解する

Level 2 **Q37**

第1章
第2章
第3章
第4章
第5章
第6章
第7章
第8章

◉IS−LM曲線上から外れたケース=不均衡 ······························【★★☆】

財市場
①超過需要(S<I)
②超過供給(S>I)

貨幣市場
③超過供給(M>L)
④超過需要(M<L)

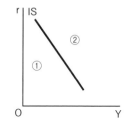
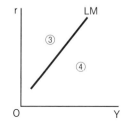

◉不均衡の領域（まとめ） ··【★★☆】

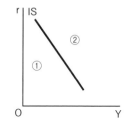

財：財市場
貨：貨幣市場

Level up Point!　IS−LM曲線の形状については頻出分野である。すなわち、曲線の傾き、シフト要因、不均衡の領域、さらには流動性のわなについての理論内容が出題される。

A**37**　　正解−2

1−誤　Mの増加はLM曲線を右にシフトさせる。

2−正　解説の図を参照。

3−誤　Lの利子弾力性がゼロのとき、LMは垂直。
　　　 LMが水平＝Lの利子弾力性が無限大＝流動性のわな

4−誤　②の領域では、S＜I（ISの左）、M＞L（LMの左）の状態である。

5−誤　政府支出の増加は、IS曲線を右にシフトさせる。

Q38 IS－LM 曲線のシフト

問 図のようにIS－LM曲線が表されるとき、次の記述のうち、妥当なものはどれか。

(地方上級)

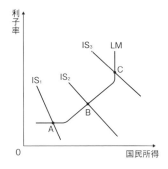

1 点Aのような状況下では、財政政策も金融政策もともに無効である。

2 点Aのような状況下では、貨幣供給を増やすと利子率が低下するが、国民所得は全く変化しない。

3 点Bのような状況下では、財政支出の増加は、LM曲線を左方にシフトさせ、利子率を引き上げ、国民所得を増加させる。

4 点CにおいてLM曲線が垂直に立っているのは、貨幣需要が利子率に対しては敏感に反応するが、所得水準には全く反応しないためである。

5 点Cのような状況下では、財政支出の増加は、それと同じだけの民間投資支出をクラウディング・アウトにより減少させる。

PointCheck

● IS曲線のシフト 〔繰り返し確認〕 ‥‥‥‥‥‥‥‥‥‥‥‥‥‥‥‥ 【★★★】

IS曲線自体が右や左にその位置を変化させるケースを考える。利子率(r)の水準は一定のまま変わらないとする。

(1)IS曲線が右(上方)にシフトするケース

〔政府支出の増加〕

政府支出を増やすと政府支出乗数が働き、国民所得が増加する。

$$(\Delta Y = \frac{1}{1-c} \times \Delta G)$$

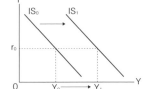

(2)IS曲線が左(下方)にシフトするケース

〔貯蓄の増加〕

貯蓄をふやすために、限界貯蓄性向を上昇させると(＝限界消費性向が減少)、消費が減少する。それにともない総需要が減少し、国民所得を減少させるのである(利子率は不変なの

で、IS曲線の左〈下方〉シフトとなる)。

● **LM曲線のシフト** 〔繰り返し確認〕 ······················ 【★★★】
〔名目貨幣供給量Ⓜの増加〕

　日銀が名目貨幣供給量を増加させたとする。新たに貨幣市場が均衡するためには、貨幣需要量も増加する必要がある。もし利子率が不変であるなら、利子率には依存しない取引動機に基づく貨幣需要 (L_1) が増加しなければならない。そのためには、国民所得(Y)が増加しなければならないのである。

　→ 利子率不変の下で国民所得が増える＝LM曲線の右（下方)シフトとなる

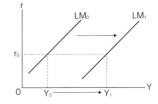

Level up Point！　IS－LM曲線のそれぞれの意味と特徴について、しっかり整理することが大切である。IS－LM曲線自体の問題も出題されるが、第5章の財政・金融政策との関連で総合的に出題される頻出分野である。

A38　正解ー5

1－誤　点Aの状況下で、財政支出を増加させると右上図のように、IS_1から$IS_1{}'$と右方にシフトし、国民所得は増加する。

2－誤　点Aの状況下で、貨幣供給を増加させてもLM曲線の形状は変わらず、横軸に水平のままであり、利子率・国民所得とも変化しない。

3－誤　点Bの状況下で、財政支出を増加させるとIS曲線がIS_2から$IS_2{}'$と右方へシフトし、利子率は上昇し、国民所得は増加する。

4－誤　LM曲線が垂直に立っている部分は、右下図の貨幣の資産需要曲線における垂直部分から導出される。このため、貨幣需要は、利子率が変化しても変わらない。

5－正　完全なる(100％)クラウディング・アウトが発生するケースである。したがって、国民所得は不変である。

＊クラウディング・アウトは財政支出の増加等による政府の資金需要の増加が市中金利を上昇させることによって民間の投資を抑制する現象をいう。

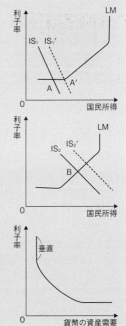

Q39 不均衡と市場の調整

問 IS－LM曲線が図のように与えられているとき、貨幣市場の調整速度が非常に速く、財市場の調整速度が非常に遅いとすると、点Dから均衡点Eへの調整経路はどうなるか。

(地方上級)

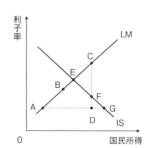

1 D－F－E
2 D－C－E
3 D－B－E
4 D－A－E
5 D－G－E

PointCheck

● IS曲線上以外の領域（＝不均衡） 理解を深める ……………………【★★☆】

(1)A点（＝IS曲線の右の領域）

→ E点（均衡点）とA点では利子率は同じなので、投資は同じ大きさ。
→ 異なるのは国民所得の大きさ。E点(Y_0)＜A点(Y_1)より、A点での貯蓄(S)がE点のそれよりも大きい。

これより、IS曲線の右側の領域は、"超過供給"。

A点（超過供給）からの調整
→ 市場では売れ残りが発生し、企業は在庫を大量に抱えることから、生産計画を変更し、生産を縮小する → Y_0に収束

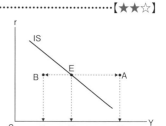

(2)B点（＝IS曲線の左側） → "超過需要"

B点（超過需要）からの調整
→ 市場ではまだ売れることから、企業は生産計画を変更し、生産を拡大する → Y_0に収束

● LM曲線上以外の領域（＝不均衡） 理解を深める ……………………【★★☆】

(1)A点（＝LM曲線の右の領域）

→ E点（均衡点）とA点では利子率は同じなので、L_2は同じ大きさ
→ 異なるのは国民所得の大きさ
E点(Y_0)＜A点(Y_1)より、A点でのL_1がE点のそれよりも大きい。

これより、LM曲線の右側の領域は、"超過需要"。

第1章

第2章

第3章

第4章

第5章

第6章

第7章

第8章

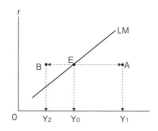

A点（超過需要）からの調整

→ 貨幣に対する超過需要が発生していることから、利子率(r)が上昇することで調整される

⑵**B点（＝LM曲線の左の領域）→ "超過供給"**

B点（超過供給）からの調整

→ 貨幣に対する超過供給が発生していることから、利子率(r)が低下することで調整される

Level up Point!　IS － LM 曲線以外の領域とは、不均衡の領域であり、財市場および貨幣市場でどのような不均衡が発生しているのかを理解する必要がある。以前はほとんど出題されていなかったが、最近は国家一般での出題がみられるようになったので要注意である。

A39　正解－2

（財市場の反応が遅いので貨幣市場のみで調整する）

D 点：LM 曲線の右の領域 → 貨幣に対する超過需要＝債券に対する超過供給

↓

債券価格の下落

＝

利子率の高騰（C 点に移る）

債券が安いので、今のうちに買って

高くなったときに売れば利益がでる

↓

債券への需要の増大

（債券価格の上昇＝利子率の下落）

↓

E 点に収束

Q40 ケインズと IS－LM 分析

問 閉鎖経済のケインズ経済学におけるIS曲線とLM曲線に関する次の記述のうち、妥当なものはどれか。 (国税専門官)

1 財政金融政策の相対的有効性は、IS曲線とLM曲線のうち傾きの絶対値が小さいものを動かす政策がより有効である。

2 投資が利子率に対して無限に弾力的な場合は、IS曲線が横軸(国民所得)に対して垂直なため金融政策は無効である。

3 貨幣需要が利子率に対して無限に弾力的な場合は、利子率の低い水準でLM曲線が水平になっており、この場合には財政政策の有効性を金融政策が打ち消すことになり、有効な経済政策が存在しないことになる。

4 投機的動機に基づく貨幣需要の利子弾力性が小さくなればなるほど、公共投資増大による民間投資のクラウディング・アウトは生じやすくなる。

5 資源の完全利用下において、貨幣供給量を増大するとLM曲線が右方にシフトするが、同時に限界貯蓄性向に対する影響からIS曲線が左方にシフトして、均衡国民所得は変化しない。

PointCheck

● IS－LM理論 　繰り返し確認 ·· 【★★★】

(1)曲線の傾き具合

IS曲線＝投資の利子弾力性で決まる

　　　　　投資の利子弾力性がゼロ　　→ IS曲線が横軸に対して垂直
　　　　　投資の利子弾力性が小さい → 傾きが急(垂直に近い)
　　　　　投資の利子弾力性が大きい → 傾きが緩やか(寝ている)
　　　　　投資の利子弾力性が無限大 → IS曲線が横軸に対して水平

LM曲線＝貨幣需要の利子弾力性で決まる

　　　　　貨幣需要の利子弾力性がゼロ　　→ LM曲線が横軸に対して垂直(古典派のケース)
　　　　　貨幣需要の利了弾力性が小さい → 傾きが急(垂直に近い)
　　　　　貨幣需要の利子弾力性が大きい → 傾きが緩やか(寝ている)
　　　　　貨幣需要の利子弾力性が無限大 → LM曲線が横軸に対して水平(流動性のわな)

クラウディング・アウトの発生＝利子率の上昇の程度で決まる

　　投資の利子弾力性が大きいほど・貨幣需要の利子弾力性が小さいほど
　　　→ 利子率は上昇しやすい＝クラウディング・アウトが発生しやすい

(2)シフト要因

IS曲線

　　①政府支出(G)の増加 → ISの右(上方)シフト

問題でPointを理解する
Level 2 **Q40**

第1章
第2章
第3章
第4章
第5章
第6章
第7章
第8章

②増税 → ISの左(下方)シフト

③均衡予算 → 乗数効果が1またはプラスなのでISの右(上方)シフト

LM曲線

①名目マネー・サプライの増加 → LMの右(下方)シフト

$L_1(Y)+L_2(r)=M/P$

$(+)+(\pm\,0)=(+)$(rが一定ならばYが増加するから)

②貨幣需要の増加 → LMの左(上方)シフト

(3)財政政策＝政府支出(G)の増加 → ISの右シフト

①政府支出(G)のみの増加 → ISの右シフト → [Yの増加＋rの上昇]

→ クラウディング・アウトの発生

②公債を市中消化して政府支出(G)を増やす

公債の市中消化 → マネー・サプライは一定 → ①と同じ結果

③公債を日銀引受けとして政府支出(G)を増やす

公債の日銀引受け → 結果としてマネー・サプライの増加

→ ISの右シフト＋LMの右シフト

(クラウディング・アウトが起こらないこともある)

Level up Point! IS－LM分析では、まず財政・金融政策の効果も含めた計算問題を得点源にする。そして、理論・政策がからんだ文章問題を確実にクリアすることで合格レベルがみえてくる。さまざまな角度から出題されるので、注意深く何度も問題練習をこなす必要がある。

A40   正解ー4

1ー誤　傾きの絶対値の大きいものを動かす方がより有効である。

2ー誤　投資が利子率に対して無限に弾力的な場合は、IS曲線が横軸(国民所得)に対して水平となり、金融政策は完全に有効である。

3ー誤　貨幣需要が利子率に対して無限に弾力的な場合は、流動性のわなに入っているケースである。このときLM曲線は水平となり、金融政策は無効だが、財政政策はクラウディング・アウトを発生させることはない。

4ー正　投機的動機に基づく貨幣需要の利子弾力性が小さくなればなるほど、LM曲線の傾きが急になる。このとき、公共投資増大によるIS曲線の右シフトによって、利子率の上昇の程度が大きくなり民間投資のクラウディング・アウトは生じやすくなる。

5ー誤　貨幣供給量を増大するとLM曲線が右シフトするが、IS曲線には影響しない。

第5章 IS − LM 分析(2)

Level 1 p96 ～ p107　Level 2 p108 ～ p115

1 財政政策

Level 1 ▷ **Q41~Q44**　Level 2 ▷ **Q47~Q50**

▶ p98　▶ p100　▶ p102

政府が政府支出の増減や税制を通じて経済の安定化を図るための施策のこと。

(1)政府支出 G のみを増やす（財源は考慮しない）

財市場の均衡条件式：$Y=C+I+G\uparrow$

$\rightarrow$ 政府支出乗数 $\rightarrow Y\uparrow$

この結果、**国民所得も増加するが利子率も上昇**するので、**民間投資が抑制**されてしまう。

クラウディング・アウト＝締出しの発生

$\rightarrow$ 政府が計画したほど国民所得は増えない

＊Gのみ増加 → Y_1まで（図１）

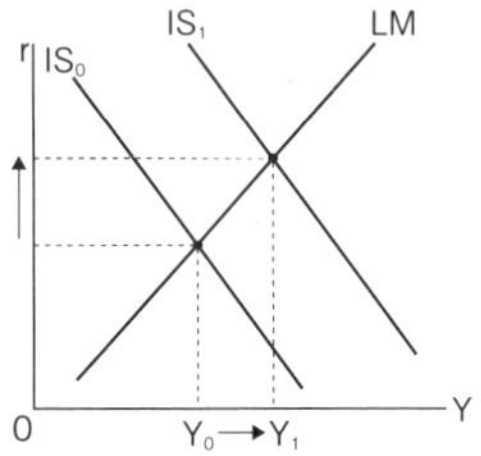

(2)財源に国債を発行し（市中消化）、政府支出Gを増やす

国債の市中消化：国債は市中消化されるのが原則。

民間にあるマネー・サプライが政府部門に移転するだけなので、世の中全体のマネー・サプライの量は一定(LM曲線は不変のまま)。(1)と全く同じとなり、クラウディング・アウトが発生する。

(3)財源に国債を発行し（日銀引受）、政府支出Gを増やす

国債の日銀引受：財政法５条により新規国債の引受禁止。

新規国債はまず市中消化し、それと同じ額の既発債を民間金融機関から日銀が買う。

民間の債券残高は変化せず、日銀から新たに貨幣が供給されたことと同じ効果が生まれる（マネー・サプライの増加となりLM曲線は右シフトする）。マネー・サプライの増加をともなう財政政策は、利子率を不変のままに維持することも可能にするため、クラウディング・アウトを起こさずにより大きく国民所得を増加させる効果を持つ。

＊マネー・サプライ増加＋G増加 → Y_2まで（図２）

図１
総需要増加によりIS曲線は
右上方シフト($IS_0 \rightarrow IS_1$)

図２
[IS曲線＋LM曲線]
右シフトの同時効果

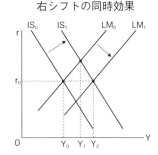

2 金融政策

Level 1 ▷ **Q41,Q45**　Level 2 ▷ **Q48**

▶ p104

日銀がマネー・サプライの増減や利子率の変化を通じて国民所得に影響を与えること。

(1)公定歩合（基準貸付利率）操作

1994年の「金利の完全自由化」により、公定歩合（日銀が市中銀行の手形を現金化するときの割引率）と預金金利との直接的連動がなくなり、公定歩合の変更はアナウンスメント効果のみと考えられ、政策の主流ではなくなった。

全体像をつかむ
POINT整理

第1章
第2章
第3章
第4章
第5章
第6章
第7章
第8章

⑵公開市場操作

日銀が公開市場で手形や債券を売買すること。

買いオペレーション：日銀が民間銀行保有の**債券や手形を買いとる**
（買いオペ）　　　→ 日銀から市中に資金が供給され、**マネー・サプライが増加**
　　　　　　　　　＋債券市場で超過需要となるので債券価格が上昇
　　　　　　　　　＝利子率の低下 → 景気の刺激
売りオペレーション：日銀が日銀保有の**債券や手形を民間に売る**
（売りオペ）　　　→ 民間の資金が日銀に吸収される結果、**マネー・サプライが減少**

⑶準備率操作

市中銀行が預金の一定割合を日銀に預けなければならない比率を増減すること。

準備率の引下げ：市中銀行はより多くの貸出しができる（信用乗数の増大）ため、マ
　　　　　　　　ネー・サプライが増加
準備率の引上げ：マネー・サプライが減少

3 金融政策の無効　　　　　　　Level 1 ▷ **Q46**

▶ p106

マネー・サプライの増減によるLM曲線のシフトでは国民所得が変化しないケース。

⑴経済が〝流動性のわな〟に入っているケース＝貨幣需要の利子弾力性が無限大

流動性のわな：流動性選好表(L_2)の水平部分
　　　　　　　→ LM曲線も横軸に対して水平
　この状況では、**金融緩和によりマネー・サプライを増やして**
LM曲線を右シフトさせても、均衡国民所得はY_0のままである。
→ 財政政策でIS曲線を右シフトさせるとYが増える（ケインズ）

⑵IS曲線が垂直なケース＝投資の利子弾力性がゼロ

　IS曲線が垂直になっているときは、利子率の変化に対して投資がまったく反応しない。この状況では、金融緩和政策を発動してLM曲線を右シフトさせても国民所得は、やはりY_0のままである。→ 財政政策でIS曲線を右にシフトさせるとYは増える

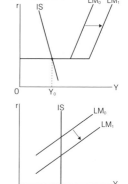

4 古典派の財政政策とその効果　Level 1 ▷ **Q26**　Level 2 ▷ **Q30**

　古典派は貨幣市場を貨幣数量説で説明し、その結果、貨幣に対する需要は取引動機に基づく要因のみに依存して決まることになる。

　マーシャルの現金残高方程式：$M = kPy$　（kはマーシャルのk）

　貨幣需要の大きさは名目国民所得（Py）のk倍だけ存在するというのが古典派である。ケインズのいう$L_1(Y)$にあたるものであり、投機的動機による貨幣需要$L_2(r)$は考慮されない。つまり、古典派の貨幣需要は、利子率(r)とは無関係であり、ある国民所得の大きさの一定割合だけ存在する。その結果、古典派のLM曲線は、ある国民所得水準のところで垂直になる（貨幣需要の利子弾力性がゼロ）。このケースでは、政府支出を増やして、IS曲線を右上方にシフトさせても国民所得はY_0のままになり、財政政策は無効となる。

Q41 IS－LM 分析と市場の同時均衡

問 図は財市場・貨幣市場の同時均衡を表す IS － LM 曲線である。次の記述のうち、妥当なものはどれか。 （国税専門官）

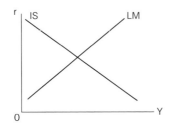

1 財政支出の増加は、LM 曲線を右方にシフトさせ、利子率を引き下げ国民所得を増加させる要因となる。

2 増税による政府支出の増加は、IS 曲線を左方にシフトさせ、利子率の上昇と国民所得の減少を引き起こす要因となる。

3 中央銀行によるマネー・サプライの増加は、LM 曲線を左方にシフトさせ、利子率の上昇と国民所得の減少を引き起こす要因となる。

4 公債の中央銀行引受による政府支出の増加は、IS 曲線を右方に、LM 曲線を左方にシフトさせるため、国民所得が増加するかどうかは不明である。

5 債券市場に先高感が発生すると、LM 曲線は右方にシフトし、利子率の下落と国民所得の増加を引き起こす要因となる。

PointCheck

◉ LM 曲線と債券市場の均衡 ・・【★☆☆】

IS－LMモデルでは、財市場の均衡を表すIS曲線と、貨幣市場の均衡を表すLM曲線との交点で、均衡国民所得(Y^*)と均衡利子率(r^*)が決まる。ここで、マクロ経済分析では、財市場・貨幣市場・債券市場・労働市場の4つの市場の均衡分析が行われている。この4つの市場のうち、貨幣市場と債券市場は、生産物(財)に対する「資産」としてまとめて、貨幣市場が均衡すると自動的に債券市場も均衡するとされる。

したがって、**LM曲線上の点では貨幣市場と債券市場がともに均衡している**ことになり、IS曲線とLM曲線との交点では債券市場を含めた3市場の均衡が実現されている。

しかし、この均衡国民所得では、労働市場が考慮されておらず、完全雇用が達成されているとはいえない。

● IS−LM 分析と国民所得・利子率の変化　　理解を深める　………………………【★★☆】

　IS曲線（Y＝C＋I＋G）は、消費関数(C)、投資関数(I)、政府購入(G)で構成されており、これらのシフト（増減）に影響されてIS曲線のシフトが決定される（租税関数(T)は消費関数に含まれる）。

　また、LM曲線（L＝M）も、貨幣需要関数（L＝L（Y, r））、貨幣供給量(M)で構成され、これらのシフトでLM曲線もシフトする。

| 減少 ← 投資意欲 → 増加 |
| 増加 ← 貯蓄意欲 → 減少 |

| 減少 ← 貨幣供給 → 増加 |
| 増加 ← 貨幣需要 → 減少 |

⇩

左シフト ← IS 曲線 → 右シフト　　　左シフト ← LM 曲線 → 右シフト

$$\left(\begin{array}{c} 減少 ← 均衡国民所得 → 増加 \\ 下降 ← 均 衡 利 子 率 → 上昇 \end{array} \right) \left(\begin{array}{c} 減少 ← 均衡国民所得 → 増加 \\ 上昇 ← 均 衡 利 子 率 → 下降 \end{array} \right)$$

A41　　正解ー5

1—誤　政府支出(G)の増加はIS曲線を右にシフトさせる。

2—誤　たとえ増税で財源をまかなっても、その分政府支出を増やせば乗数効果があるので、IS曲線は右シフトする（固定税での均衡予算乗数の大きさは1である）。

3—誤　マネー・サプライの増加はLM曲線を右にシフトさせる。

4—誤　公債の日銀引受による政府支出の増加は、IS曲線を右に、LM曲線も右にシフトさせる結果、国民所得を増加させる。

5—正　債券市場に先高感が発生すると、将来債券が値上がりしそう→今、安いうちに購入して値上がりしたときに売れば利ザヤが稼げると予想するので、貨幣に対する需要が減少（＝債券需要の増加）してLM曲線の右シフトが起こり、利子率の下落と国民所得の増加を引き起こす要因になる。

第1章

第2章

第3章

第4章

第5章

第6章

第7章

第8章

Q42 財政政策・国債の発行

問 ある国の経済が次のマクロモデルで表されるとする。

$Y＝C＋I＋G＋EX－IM$

$C＝50＋0.5Y_d$

$I＝200－1000r$

$T＝0.2Y$

$Y_d＝Y－T$

$EX＝200$

$IM＝50＋0.2Y$

$L＝0.4Y－2000r$

$L＝M$

（
Y：国民所得、C：消費、I：投資、G：政府支出
EX：輸出（一定）、IM：輸入、Y_d：可処分所得
r：利子率（%）、T：税収
L：貨幣需要量、M：貨幣供給量
）

このとき、新たに 50 の国債が市中引受方式で発行され、同額を政府支出に充てた場合の国民所得の増加額はどれか。ただし、物価水準は考慮しないものとする。　　　（国税専門官）

1　50

2　60

3　70

4　80

5　90

PointCheck

◉財政政策の効果‥‥‥‥‥‥‥‥‥‥‥‥‥‥‥‥‥‥‥‥‥‥‥‥‥‥‥‥‥‥【★★★】

⑴国債を市中消化で発行し、政府支出を増やすケース

　財政法5条で（新規）国債の日銀引受による発行は、原則禁止されており、市中消化が原則となっている。

　国債は、現在、個人向け国債も発行されており、個人の購入もできるが、主に引き受けているのは、民間金融機関(入札制)である。

　個人であろうと銀行であろうと、**市中消化されるケースでは、一国全体でのマネーサプライは不変となり**（銀行にある資金が政府に移転するのみ）、IS曲線のみの右シフト効果となって表れる。

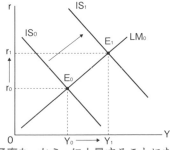

　この結果、国民所得がY_0からY_1に増加する一方、利子率もr_0からr_1に上昇することになる（クラウディング・アウトの発生）。

⑵クラウディング・アウト（締め出し効果）

　ケインズ理論では、投資(I)は利子率(r)の減少関数となることから、利子率(r)の上昇が、一定の大きさの民間投資を減らしてしまうのである。このマイナス効果が起こるにもかかわらず、国民所得がある程度増加するのは、マイナス効果よりも、政府支出乗数のプラス効果の方が大きいからである（**Q44**参照）。

$$\left| \frac{1}{1-c} \times \varDelta G \right| > \left| \frac{1}{1-c} \times (-\varDelta I) \right|$$

A42　正解ー1

問題文の条件式を整理すると以下のようになる。
　　［財市場］　IS曲線：$Y＝C＋I＋G＋EX－IM$
　　　　　　　消費関数：$C＝50＋0.5Y_d$　租税関数：$T＝0.2Y$
　　　　　　　投資関数：$I＝200－1000r$
　　　　　　　政府支出：$\varDelta G＝50$　輸出：$EX＝200$　輸入：$IM＝50＋0.2Y$
　　［貨幣市場］LM曲線：$L＝M$
　　　　　　　貨幣需要関数：$L＝0.4Y－2000r$
　　　　　　　貨幣供給量：M　（マネーサプライは不変）
(1)IS曲線
　$Y＝C＋I＋G＋EX－IM$より
　　$Y＝50＋0.5(Y－0.2Y)＋200－1000r＋G＋200－50－0.2Y$
　これを整理して
　　$0.8Y＋1000r＝G＋400$……①
(2)LM曲線
　$L＝M$より
　　$0.4Y－2000r＝M$……②
　政府支出Gが増加するので、IS曲線の右シフトよりrとYが変化する。
　そこで、①②の変化した分だけの等式を作る。変化した $(G、r、Y)$ に⊿をつけて、変化しない要素は消去する。
　　$0.8\varDelta Y＋1000\varDelta r＝\varDelta G$……③
　　$0.4\varDelta Y－2000\varDelta r＝0$……④　（マネーサプライは不変）
　③×2＋④より
　　$2\varDelta Y＝2\varDelta G$
　∴　$\varDelta Y＝1×\varDelta G＝1×50＝50$

Q43 財政政策の効果

問 IS－LM体系が、

Y＝C＋I＋G

C＝20＋0.8（Y－T）

T＝tY

I＝70－200r

L＝M

L＝1.2Y－600r

M＝570

| Y：国民所得、C：消費、I：投資 |
| G：政府購入、T：税収、t：税率 |
| r：利子率、L：貨幣需要、M：貨幣供給 |

で示されるとする。政府が政府購入をG＝100とするとき、均衡予算を実現するには税率t
をいくらにすればよいか。 （地方上級）

1　0.05

2　0.1

3　0.15

4　0.2

5　0.25

PointCheck

◉**財政政策の効果**……………………………………………………………【★★☆】

(1)政府支出(G)のみを増やす（財源については考えない）

　Gの増加 → 政府支出乗数 → **国民所得の増加**

　　　　→ IS曲線の右上方へのシフト

　　　　　　→ **利子率の上昇** → 民間投資の締め出し"**クラウディング・アウト**"

(2)財源に国債を発行し市中消化で政府支出(G)を増加させる

　国債の市中消化では、市中にあるマネー・サプライが、ただ政府に移転するだけなので全
体としてマネー・サプライは不変である（LM曲線は不変）。効果は(1)と全く同じとなり、ク
ラウディング・アウトが発生し、思ったほど国民所得は増えない。

(3)財源に国債を発行し日銀が引き受けるケースで政府支出(G)を増加

　日銀は新規国債の発行額と同じだけの既発債を民間金融機関から買い入れる（新規国債の
日銀の直接引受は禁止）。**民間の債券残高は変化せず、日銀から新たに貨幣が供給されたこ
とと全く同じ効果になる。**それによって、

　｜政府支出の増加 → **IS曲線の右シフト**

　｜マネー・サプライの増加 → **LM曲線の右シフト**

　この2つの効果が同時に実現できる。すなわち、利子率をもとの水準のままに維持し、そ
れによりクラウディング・アウトも起こらずに、**より大きな国民所得の増加**も実現できる可

能性がある。

⑷増税のケース

　増税を実施すると、**可処分所得の減少**から消費が減少し、総需要の減少を通じて**国民所得も減少**する。その結果、IS曲線は左にシフトする。

⑸減税のケース

　減税を実施すると、**可処分所得の増加**から消費が増加し、総需要の増加を通じて**国民所得も増加**する。その結果、IS曲線は右にシフトする。

⑹均衡予算のケース

・一括固定税（定額税）

　均衡予算乗数＝1より国民所得は増加することから、IS曲線は右にシフトする。

・所得比例税

　均衡予算乗数は1より小だが、プラスになるので、国民所得が増加することからIS曲線はやはり右にシフトする。

A43　正解－4

　問題文の条件式を整理すると以下のようになる。

　IS曲線：$Y=C+I+G$

　　消費関数；$C=20+0.8(Y-T)$　　租税関数；$T=tY$

　　投資関数；$I=70-200r$

　　政府購入(支出)；$G=100$

　LM曲線：$L=M$

　　貨幣需要関数；$L=1.2Y-600r$

　　貨幣供給量；$M=570$

さらに、均衡予算を実現するわけであるから、次の条件が隠れている。

　　$G=100=T$

　以上の式から、IS曲線の式とLM曲線の式を国民所得Yと利子率rの式にして、均衡国民所得Yを求める。

　　(IS曲線)　$Y=C+I+G$

　　$Y=20+0.8(Y-T)+70-200r+G$

　ここで、$G=T=100$を代入して整理すると、

　　$0.2Y+200r=110……①$

　　(LM曲線)　$L=M$

　　$1.2Y-600r=570……②$

　$①×3+②$よりrを消去して、

　　$1.8Y=900$　　　∴　$Y=500$

　これを租税関数($T=tY$)に代入して、　$100=t×500$より、　$t=0.2$

Q44 クラウディング・アウト

問 ある国の経済が、

$$Y = C + I + G$$
$$C = 0.6Y + 10$$
$$I = 90 - 1200r$$
$$L = 100 + 0.5Y - 1000r$$
$$M/P = 200$$
$$G = 20$$

Y：国民所得、C：消費、I：民間投資
G：政府支出、r：利子率(%)、L：実質貨幣需要
M：名目貨幣供給、P：物価水準

で示されるとする。政府支出 G が 40 に増加したとき、民間投資 I はクラウディング・アウトによりどれだけ減少するか。 (国税専門官)

1　12
2　14
3　16
4　18
5　20

PointCheck

◉クラウディング・アウト……………………………………………………………【★★★】

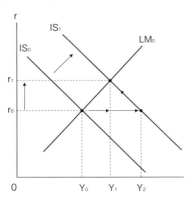

政府支出の増加は国民所得を増加させる。利子率が変化しなければ国民所得は Y_2 まで増加するはずである。

ところが、利子率の上昇によって国民所得の増加は Y_1 にとどまることになる。このように、**政府支出の増加が利子率の上昇を通じて民間投資を締め出すことを〝クラウディング・アウト″（締め出し）と呼ぶ。**

▼なぜ利子率が上昇するのか？

政府支出の増加により国民所得が増加する結果、貨幣市場に影響を与えることになるからである。すなわち、**取引動機に基づく貨幣需要 L_1(Y)が増加**することから、貨幣市場の均衡を維持するために、**投機的動機に基づく貨幣需要 L_2(r)が減少**する必要がある。そのためには、**利子率(r)が上昇**しなければならない。

A44 正解ー1

クラウディング・アウトとは、政府支出の増加によって利子率が上昇し、それに対する民間投資の減少のことであるから、利子率の上昇の大きさを求める問題である。
(IS曲線)

$Y=C+I+G$（定義上のIS曲線）

∴ $Y=0.6Y+10+90-1200r+G$

∴ $0.4Y+1200r=100+G$……①

(LM曲線)

$L=M/P$（定義上のLM曲線）

∴ $100+0.5Y-1000r=200$

∴ $0.5Y-1000r=100$……②

政府支出Gが増加するので、①②を増分の式に変える。

$0.4\mathit{\Delta}Y+1200\mathit{\Delta}r=\mathit{\Delta}G$……③

$0.5\mathit{\Delta}Y-1000\mathit{\Delta}r=0$……④

（増加率ゼロ＝LM曲線は不変）

③×5－④×4より$\mathit{\Delta}$Yを消去して、

$10000\mathit{\Delta}r=5×\mathit{\Delta}G=5×20=100$（Gの増加分は40－20=20）

∴ $\mathit{\Delta}r=0.01$（1％の上昇）

これを民間投資関数$(I=90-1200r)$の増分から、

$\mathit{\Delta}I=-1200\mathit{\Delta}r=-1200×0.01=-12$（12の減少）

Q45 金融政策

問 開放マクロ経済が、

$Y=C+I+B$
$C=c+0.9Y$
$I=i-50r$
$B=b-0.1Y$
$0.8Y-300r=M$

（ Y：国民所得、C：消費、I：投資、
B：政府支出、r：利子率、
M：貨幣供給量、
c, i, b：パラメーター ）

で示されるとする。貨幣供給量 M を 1 兆円増加させると、国民所得はいくら増加するか。

（地方上級）

1 1000 億円
2 2000 億円
3 3000 億円
4 4000 億円
5 5000 億円

PointCheck

●**金融政策の効果**……………………………………………………………………【★★★】

金融政策は、三大金融政策を中心として選択肢の一部に出題されることが多く、計算問題は少ないが、金融政策の理論内容をしっかり理解しておくことが必須となる。

⑴公定歩合操作(基準貸付金利)

公定歩合とは、日銀が民間銀行に貸し出すときの金利（利息）である。

＊正確には、民間銀行の持っている優良な手形を日銀が買い取るときの割引率である。

1994年に「金利の完全自由化」が実現されて以降、公定歩合と預金金利との連動がなくなり、政策の主流ではなくなった。現在の金利目標は、銀行間における資金の貸し借りの金利となっている「無担保翌日物コール・レート」である。この結果、公定歩合の変更の効果は、アナウンスメント効果程度となっている。

⑵公開市場操作

公開市場操作とは、日銀が公開市場で手形や債券を売買して、マネー・サプライや金利を管理しようとするものである。現在の金融政策の中心となっている。

①売りオペレーション：日銀が**手持ちの債券を民間に売る**

　（売りオペ）　　　→ 民間の資金が日銀に吸収される

　　　　　　　　　　→ **マネー・サプライの減少**

②買いオペレーション：日銀が**民間の債券を買う** → 日銀から民間に資金が供給される

　（買いオペ）　　　→ **マネー・サプライ**の増加（同時に、債券の超過需要により債券価格が上昇＝利子率の低下も起こる）→ 景気の刺激

問題でPointを理解する
Level 1 **Q45**

第1章

第2章

第3章

第4章

第5章

第6章

第7章

第8章

(3)準備率操作

　民間銀行は集めた預金の一部を日銀に預けなければならないが、これは預金準備制度といわれ、預ける比率を法定準備率(支払準備率)という。

　①準備率の引下げ：民間銀行は貸出しを増加できる → **マネー・サプライの増加**
　　　　　　　　　　　(信用乗数の増大)

　②準備率の引上げ：民間銀行の貸出しの減少 → **マネー・サプライの減少**
　　　　　　　　　　　(信用乗数の縮小)

　(1)〜(3)の政策は、すべてマネー・サプライの増減につながり、LM曲線のシフト効果となって表れる。

マネー・サプライの増加の場合 → LM曲線の右シフト

〔効果〕
利子率の下落(r_0からr_1に)
国民所得の増加(Y_0からY_1に)

A45　正解－5

(1)IS曲線

　$Y=C+I+B$より

　　$Y=c+0.9Y+i-50r+b-0.1Y$

　　$0.2Y+50r=c+i+b$……①

(2)LM曲線

　　$0.8Y-300r=M$……②

　貨幣供給量が増加するので、LM曲線の右シフトよりrとYが変化する。

　①②を変化式に直すと

　　$0.2\varDelta Y+50\varDelta r=0$……③　(IS曲線は不変)

　　$0.8\varDelta Y-300\varDelta r=\varDelta M$……④

　③④から$\varDelta r$を消去して

　　$2\varDelta Y=\varDelta M$

　∴　$\varDelta Y=1/2\times\varDelta M=1/2\times1$兆円$=5000$億円

Q46 金融政策の効果

問 IS－LM分析に基づき、次のようなマクロ経済モデルが与えられるとする。政府支出を一定として、マネーサプライを増加させたときの利子率と国民所得の変化として、妥当なものを組合せているのは次のうちどれか。

ただし、当初は$\alpha_0+G>\beta_0+\beta_2 M$であるとする。　　　　　　　（国家一般）

$Y=\alpha_0-\alpha_1 i+G$ （IS曲線）

$Y=\beta_0+\beta_1 i+\beta_2 M$ （LM曲線）

$\begin{pmatrix} Y：国民所得、\ I：利子率、\ G：政府支出、 \\ M：マネーサプライ、 \\ \alpha_0、\alpha_1、\beta_0、\beta_1、\beta_2：正の定数 \end{pmatrix}$

	利子率	国民所得
1	上昇する	減少する
2	上昇する	増加する
3	低下する	不変
4	低下する	減少する
5	低下する	増加する

PointCheck

●金融政策の効果…………………………………………………………………【★★☆】

金融政策のみを問う出題は少ないが、モデル式がすべて文字式で示された問題は、国家一般職で出題されている。この意味で、金融政策の効果の問題としてしっかりマスターする必要がある。さらに、理論問題としては、金融政策が無効となる2つのケースもよく出題されている。

(1)金融政策の効果

（名目）マネー・サプライの増加は、LM曲線を右シフトさせる結果、IS曲線が一定のとき、利子率を低下させ、国民所得を増加させる効果を持つ。

(2)金融政策の無効

日銀がマネー・サプライを増加させる金融政策を行うと、貨幣市場の均衡を表すLM曲線の右シフトを通じて、国民所得は増加するが、次の極端な2つのケースでは国民所得は全く変化しないことがある。これが「金融政策の無効」のケースである。

①流動性のわな

ケインズの貨幣市場において、流動性選好関数(右下がりの曲線)＝$L_2(r)$の一定部分が「水平」になるところでは、日銀がマネー・サプライを増やしても（＝LM曲線の右シフト）利子率は不変のままとなり、投資の増大による国民所得の増加は実現できない。

流動性のわな＝LM曲線の水平部分（貨幣需要の利子弾力性が無限大）

金融の緩和によりLM曲線が右シフトしても、国民所得はY_0のまま（＝金融政策の無効）。

　　→ 国民所得を増加させるには、財政政策でIS曲線を右シフトさせる

②投資の利子弾力性がゼロ

　IS曲線がある特殊な状態のとき、すなわちIS曲線が横軸に対して「垂直」になるときには、やはり金融政策は無効となる。「投資が利子率に全く反応しない」＝「投資の利子弾力性がゼロ」のケースである。利子率が上がっても、下がっても一定の投資しか行われず、一定の国民所得にとどまる。

　IS曲線が横軸に対して垂直のとき、金融政策でLM曲線を右シフトさせても国民所得はY_0のままである（＝金融政策の無効）。

　　→ 国民所得を増加させるには、財政政策でIS曲線を右シフトさせる

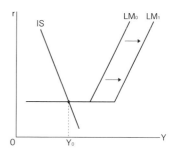

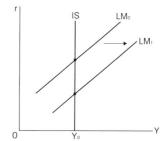

A46 正解一5

　通常は、IS曲線は右下がり、LM曲線は右上がりと想定して、解答が求められるが、文字式になっていることから、それぞれ右下がり、右上がりを確認する必要がある。そのために、Y＝aX＋bのグラフに変形して、傾き（あるいは切片）を確認する必要がある。

（IS曲線）

　　$Y = \alpha_0 - \alpha_1 i + G$ より、$\alpha_1 i = -Y + (\alpha_0 + G)$

　　$\therefore i = -1/\alpha_1 \cdot Y + (\alpha_0 + G)/\alpha_1$

　　（Y＝−aX＋bのグラフ）→ 右下がり……①

（LM曲線）

　　$Y = \beta_0 + \beta_1 i + \beta_2 M$ より

　　$\beta_1 i = Y - (\beta_0 + \beta_2 M)$

　　$\therefore i = 1/\beta_1 \cdot Y - (\beta_0 + \beta_2 M)/\beta_1$

　　（Y＝aX＋bのグラフ）→ 右上がり……②

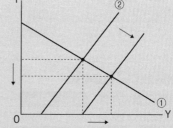

　マネー・サプライ(M)の増加は、②の切片の（マイナスの）増加となり、右下方にシフトすることになる。したがって、利子率が低下し、国民所得は増加する。

Q47 財政政策・国債発行

問 下図は、国債は市中消化され、政府支出が増加したためにIS曲線がシフトするようすを描いたものである。下文の空欄ア〜ウに該当する語句の組合せとして妥当なものは、次のうちどれか。

(地方上級)

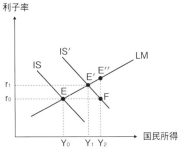

政府支出がなされる前の均衡国民所得がY_0で、完全雇用国民所得であるY_2に比べY_2-Y_0だけ国民所得が不足しているとする。そこで、政府は国債を発行し、IS曲線をISからIS'にシフトさせることにした。IS曲線をISからIS'にシフトさせるためには、この経済における限界消費性向をcとした場合、政府支出を〔 **ア** 〕だけ増加させればよい。

しかし、F点は、IS'曲線上の点ではあってもLM曲線上の点ではないので、財市場の需給を均衡させてはいても、貨幣市場の需給を均衡させているわけではない。利子率がr_0のままで国民所得がY_2に増大すれば、貨幣に対する取引が増え、貨幣に対する需要が供給を上回って利子率が上昇する。利子率の上昇は〔 **イ** 〕を減少させるので、経済はF点から〔 **ウ** 〕点に移動する。

	ア	イ	ウ
1	$(1-c)(Y_2-Y_0)$	投資	E'
2	$(1-c)(Y_2-Y_0)$	消費	E''
3	$(Y_2-Y_0)/(1-c)$	投資	E''
4	$(Y_2-Y_0)/(1-c)$	消費	E'
5	$(1-c)/(Y_2-Y_0)$	消費	E''

PointCheck

●財政政策の効果 理解を深める ....【★★★】

政府が政府支出の増減や租税の変更を通じて、完全雇用や経済成長などの諸目標を達成する施策を財政政策という。

⑴政府支出(G)の増加(その財源に国債を発行し市中消化するケース)

政府支出の増加分を国債(公債)を発行して資金調達するケースを考える。そして、国債

は民間銀行、証券会社などで購入される。国債は、市中消化されることが原則である（財政法5条）。そこで問題は、国債が市中消化されると、世の中全体で貨幣供給量（マネー・サプライ）が増えるのか、減るのか、不変かである。民間にあるマネー・サプライが、ただ政府に移転するだけなので全体としては不変なのである（LM曲線は不変のまま）。

　Gの増加 → 総需要の増加(乗数) → IS曲線の右シフト → Yの増加＋rの上昇
　結果として、利子率の上昇により民間投資を締め出すクラウディング・アウトが発生する。

　政府支出が増加すると、IS曲線がIS$_0$からIS$_1$にシフトする。もし、利子率が上昇しないならば、新しい均衡点はE$_0$'にシフトするはずだが、貨幣市場への影響が出てくる。すなわち、政府支出によって、国民所得が増加することで、貨幣に対する取引需要(L$_1$)が増加することになる。ところが、マネー・サプライは不変なので、L$_1$の増加をL$_2$の減少で相殺しなければ貨幣市場が均衡しないことになる。この結果、利子率が上昇することになる。

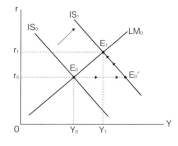

　　L$_1$ (Y↑)＋L$_2$ (r↑)＝ M/P
　　(増加)＋(減少)＝(不変)

A**47**　正解－1

(ア)限界消費性向をcとすると、政府支出乗数は$1/(1-c)$となる。
　ここで、国民所得を(Y_2-Y_0)だけ増加させるために必要となる政府支出の大きさは、
　　$(Y_2-Y_0)=1/(1-c)×\varDelta G$より、
　　$(Y_2-Y_0)÷1/(1-c)=(1-c)(Y_2-Y_0)$となる。
(イ)マネー・サプライ一定のもとでは、取引需要が増加すると、利子率の上昇で投機的需要が減少する。利子率の上昇は、(民間)投資の減少を招く。
(ウ)(イ)によるクラウディング・アウトから政府支出乗数は小さくなり、国民所得はY$_2$からY$_1$に減少し、E'で均衡する。

Q48 財政・金融政策とIS-LM分析

問 IS－LMモデルにおける財政・金融政策の効果に関するA ～ Dの記述のうち、妥当なもののみをすべて挙げているものはどれか。 (国家一般)

A 投資が利子率に対して完全に非弾力的な場合、IS曲線は垂直になる。このとき、貨幣供給量を増加させても、国民所得を増加させることはできない。

B 貨幣需要が利子率に対して完全に非弾力的な場合、LM曲線は垂直になる。このとき、政府支出を増加させても、クラウディング・アウト効果は発生しない。

C 貨幣需要が利子率に対して完全に非弾力的な場合、LM曲線は水平になる。このとき、国民所得を増加させるには政府支出の増加が必要となる。

D 貨幣市場が流動性のわなに陥っている場合、LM曲線は垂直になる。このとき、政府支出を増加させても、国民所得を増加させることはできない。

1　A
2　A・B
3　B
4　B・D
5　C・D

PointCheck

◉財政・金融政策とIS－LM分析（まとめ）･･････････････････････････【★★★】

財政政策：政府支出Gの増減や増減税
　・政府支出Gのみの増加 → ISの右シフト（クラウディング・アウトの発生）
　・国債の市中消化＋Gの増加 → ISの右シフト（クラウディング・アウトの発生）
　・国債の日銀引受＋Gの増加 → ISの右シフト＋LM曲線の右シフト
　　　　　　　　　　　　　　　　（クラウディング・アウトは起こりにくい）
金融政策：日銀によるマネー・サプライの調整
　＊マネー・サプライの増加 → LM曲線の右シフト
　＊マネー・サプライの減少 → LM曲線の左シフト
　①公定歩合操作(基準貸付利率)
　　・アナウンスメント効果
　②公開市場操作
　　・買いオペ → マネー・サプライの増加 → LM曲線の右シフト
　　・売りオペ → マネー・サプライの減少 → LM曲線の左シフト
　③準備率操作
　　・引下げ → マネー・サプライの増加 → LM曲線の右シフト

　　　　・引上げ → マネー・サプライの減少 → LM曲線の左シフト
④金融政策の無効
　　　　・IS曲線が横軸に対して垂直 → 投資の利子弾力性がゼロのケース
　　　　　　　　　　　　　　→ マネー・サプライの増加 → LM曲線の右シフト
　　　　・流動性のわな → LM曲線の水平部分（貨幣需要の利子弾力性が無限大）

◉特殊なIS−LM曲線と財政金融政策の効果（まとめ）…………………………【★★★】

		財政政策	金融政策
		政府支出増加 → IS曲線の右シフト	マネー・サプライ増加 → LM曲線の右シフト
投資の 利子弾力性	ゼロ→ IS曲線は 横軸に対して垂直	有効	無効
	無限大→ IS曲線は 横軸に対して水平	無効	有効
貨幣需要の 利子弾力性	ゼロ→ LM曲線は 横軸に対して垂直	無効	有効
	無限大→ LM曲線は 横軸に対して水平	有効	無効

Level up Point!　　式やグラフがない文章題では、自分でイメージして確認する作業が必要になる。**Point Check**では文章・表でまとめてあるが、問題の選択肢を含め、グラフに描いて説明できるようにしたい。

A48　正解ー1

A−正　通常、マネー・サプライの増加は、LM曲線を右シフトさせ、利子率を低下させ、国民所得を増加させる。しかし、投資の利子弾力性がゼロ（完全に非弾力的）の場合、IS曲線は「垂直」になる。この場合、金融政策によりLM曲線が右シフトして利子率が下がっても一定の投資しか行われず、一定の国民所得にとどまる（金融政策の無効）。

B−誤　政府支出の増加は、IS曲線を右シフトさせ、国民所得も増加するが、利子率も上昇し、民間投資の抑制（クラウディング・アウト）が発生する。貨幣需要の利子弾力性がゼロ（完全に非弾力的）の場合、LM曲線は「垂直」になり、IS曲線が右シフトしても国民所得は変わらない（財政政策の無効）。

C−誤　貨幣需要の利子弾力性がゼロ（完全に非弾力的）の場合、LM曲線は「垂直」になる（財政政策の無効）。この場合には、金融政策によりマネー・サプライを増加させ、LM曲線を右シフトさせる必要がある。

D−誤　流動性のわなにあるときは、貨幣需要の利子弾力性が無限大（完全に弾力的）であり、LM曲線の水平部分にあることになる。政府支出が増加させIS曲線を右シフトすることで、国民所得は増加し、財政政策は有効となる。

Q49 クラウディング・アウト

問 ある国のマクロ経済が次のように与えられている。

Y=C+I+G
C=15+0.6Y
I=15−i
G=20
M=L
M=60
L=Y−10i+10

| Y：国民所得、C：消費、I：投資、
| G:政府支出、i:利子率、M:貨幣供給、
| L：貨幣需要

　この経済において、財政政策と金融政策を組み合わせるポリシー・ミックスを考える。政府支出を20から24に増加させたとき、国民所得は増加するが、クラウディング・アウト効果が生じるため、クラウディング・アウト効果がない場合と比較すると、国民所得の増加は小さくなる。このクラウディング・アウト効果によって生じる国民所得の減少を完全に打ち消すためには、貨幣供給をいくら増加させればよいか。

(国家一般)

1 10　　**2** 15　　**3** 20　　**4** 25　　**5** 30

PointCheck

●クラウディング・アウト………………………………………………【★★★】

　当初の均衡点をE_0とする。ここで、拡張的財政政策を発動すると、IS曲線が右（上方）シフトし、国民所得がY_0からY_1に増加するが、他方、利子率もr_0からr_1に上昇することになる。すなわち、国民所得の増加により、取引動機に基づく貨幣需要が増加する結果、貨幣市場の均衡を保つためには、投機的動機に基づく貨幣需要が減少せざるをえないことから、利子率が上昇する。

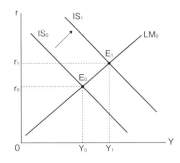

$$L_1\,(Y\uparrow)+L_2\,(r\uparrow)= M/P$$
$$\downarrow \qquad\quad \downarrow$$
$$\oplus \qquad\quad \ominus \quad =\pm0\,(一定)$$

　利子率の上昇は、民間投資の減少（ケインズの投資関数）を引き起こしてしまうのである。こうした、利子率の上昇が民間投資の一部を市場から締め出すことを〝クラウディング・アウト″という。

〔計算問題の解法パターン〕（**Q44**参照）

　①利子率の上昇分(Δr)の大きさを求める。

　②①で求めた大きさを投資関数に代入して求める。

知識を広げる

第2のクラウディング・アウト(完全なるクラウディング・アウト)

　利子率の上昇にともなう民間投資の締め出しは、第1のクラウディング・アウトといわれる。第2のクラウディング・アウトは、マネタリストから主張された考え方であり、IS曲線の右(上方)シフトにプラスして、LM曲線の左(上方)シフトが発生することで、国民所得は不変のままで、利子率のみが上昇する"完全なるクラウディング・アウト"である。

　国債が発行され、市中での残高が増加していくと、以下のような効果が発生する。

①ラーナー効果(ケインジアン)

　→ 国債残高の増加は資産の増加とみなし、消費が増加 → IS曲線の右(上方)シフト

②資産効果(マネタリスト)

　資産が国債ばかりに偏ることから、同じ利子率と国民所得のもとで、資産構成を見直す。

　→ 流動性のより高い貨幣を需要しようとする → LM曲線の左(上方)シフト

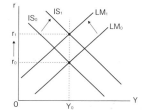

　この結果、国民所得はY_0のまま不変で、利子率のみがr_0からr_1に上昇することになり、"完全なるクラウディング・アウト"が発生するのである。

Level up Point!　クラウディング・アウトは、IS曲線のシフトによる利子率の上昇が生み出す効果であり、主に計算問題での出題である。まずは利子率の上昇の大きさを求めることに焦点をおこう。

A49　正解ー1

(1)IS曲線を求める。

　$Y=C+I+G$より　$Y=15+0.6Y+15-i+G$

　$G=0.4Y+i-30$……①

(2)LM曲線を求める。

　$L=M$より　$M=Y-10i+10$……②

　①②に変化分をとると　$\Delta G=0.4\Delta Y+\Delta i$……③

　　　　　　　　　　　　$\Delta M=\Delta Y-10\Delta i$……④

　ここで問題は、政府支出を20から24に増加させたときの($\Delta G=4$)、国民所得減少を打ち消す貨幣供給の増加分(ΔM)を求めることである。これは政府支出の増加による利子率の上昇をゼロ($\Delta i=0$)にするような貨幣供給(金融緩和)をすることになる。

　③に$\Delta G=4$、$\Delta i=0$を代入して、　$\Delta Y=10$

　④に$\Delta i=0$、$\Delta Y=10$を代入して、　$\Delta M=10$

Q50 財政政策の効果

問 マクロ経済が

$Y = C + I + G + B$

$C = C_0 + 0.9 (Y - T)$

$I = I_0 - 100R$

$B = B_0 - 0.05Y$

$0.05Y - 50r = M$

$$\left(\begin{array}{l} \text{Y：国民所得、C：消費、I：投資、} \\ \text{G：政府支出、B：純輸出、T：税収、} \\ \text{r：利子率、M：貨幣供給量（一定）} \\ C_0、I_0、B_0：\text{定数} \end{array}\right)$$

で示されるとする。

　政府支出Gを1兆円だけ増加し、同時に均衡予算を維持するために増税によって税収Tを同額だけ増加すると、国民所得はいくら増加するか。　　　　　　　　　　（地方上級）

1　　　4000億円
2　　　6000億円
3　　　8000億円
4　　　1兆円
5　1兆2000億円

PointCheck

◉**財政政策の効果**‥‥‥‥‥‥‥‥‥‥‥‥‥‥‥‥‥‥‥‥‥‥‥‥‥‥‥‥‥【★★★】

(1)政府支出(G)のみを増やすケース（財源についてはまだ考えない）

　　財市場の均衡条件式：Y＝C＋I＋G

　　　　　　　　　　　（左辺は総供給Y_s、右辺は総需要Y_dの項目）

　　Gの増加 → 政府支出の乗数効果 → 右辺の総需要の増加

　　　　　　→ IS曲線の右上方へのシフト（IS_0からIS_1へ）

　　国民所得の増加（Y_0からY_1へ）＋利子率の上昇（r_0からr_1へ）

　確かに国民所得は増えてはいるが、実はY_1よりもさらに増えているはずだった。そうならないのは、利子率が上昇したため民間投資が抑制されてしまい、その乗数倍だけ国民所得が増えなかったからである（投資は利子率の減少関数）。

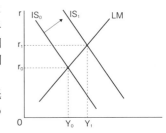

　このように、政府支出の増加が利子率の上昇を通じて民間投資を締め出すことを〝クラウディング・アウト〟（締め出し）と呼ぶ。

　　G（↑）→ 乗数効果 → ISの右シフト → Y（↑）＋r（↑）

　　（クラウディング・アウトにより思ったほどYは増えない）

(2)均衡予算のケース

増税して、それを財源にして政府支出を増やすケース（$\Delta T = \Delta G$）。

①一括固定税（定額税）のケース
増税：$\Delta Y = -c/(1-c) \times \Delta T$
政府支出乗数：$\Delta Y = 1/(1-c) \times \Delta G$

→ $-c/(1-c) + 1/(1-c) = (1-c)/(1-c) = 1$
乗数が1ということは、1兆円増税
→ 1兆円政府支出増加で、1兆円国民所得の増加

②所得比例税のケース
増税：$\Delta Y = -c/\{1-c(1-t)\} \times \Delta T$
政府支出乗数：$\Delta Y = 1/\{1-c(1-t)\} \times \Delta G$

→ $-c/\{1-c(1-t)\} + 1/\{1-c(1-t)\}$
$= (1-c)/\{1-c(1-t)\} > 0$
→ 乗数はプラスなので、国民所得は増加

①②のどちらでも、均衡予算乗数はプラスになることから、IS曲線が右方シフトする。

Level up Point! 基本パターンの繰り返しだが、結局レベルアップの早道である。市場の均衡とそれを構成する関数がどのように式にまとめられ、どのように関連しているかを再度チェックしよう。

A50 正解—1

(1)IS曲線を求める。

$Y = C + I + G + B$より　（＊純輸出B＝輸出－輸入）

$Y = C_0 + 0.9(Y-T) + I_0 - 100r + G + B_0 - 0.05Y$となり、整理すると、

∴$0.15Y + 100r = C_0 - 0.9T + I_0 + G + B_0$……①

(2)LM曲線を求める。

$0.05Y - 50r = M$……②

ここで、増税によって税収Tを増やす一方、政府支出Gを増やす均衡予算を想定しているため、政府支出の増加によってIS曲線が右シフトする結果、利子率rと国民所得Yは変化する。そこで、変化した分（T、G、r、Y）だけの等式にする。変化しない要素は消去してよい。

①より

$0.15\Delta Y + 100\Delta r = \Delta G - 0.9\Delta T$……③

②より

$0.05\Delta Y - 50\Delta r = 0$……④　（マネー・サプライ不変）

また、均衡予算なので、$\Delta G = \Delta T$となり

③は、$0.15\Delta Y + 100\Delta r = \Delta G - 0.9\Delta G = 0.1\Delta G$……⑤

④×2＋⑤より

$0.25\Delta Y = 0.1\Delta G$

∴ $\Delta Y = 0.4 \times \Delta G$
$= 0.4 \times 1兆円 = 4000億円$

第6章 労働市場と物価水準

Level 1 p118〜p129　Level 2 p130〜p137

1 古典派の労働市場

Level 1 ▷ **Q51**　Level 2 ▷ **Q58**

⑴労働需要曲線（N_D曲線）▶p118 ▶p120

①古典派の労働市場観：古典派は価格や賃金が伸縮的に
動くと考え、その結果、市場の需給も完全に調整され、
労働市場でもつねに「完全雇用」が実現される。

②労働需要：労働者を雇用する企業サイドの考え方。
企業は利潤最大化を実現する（利潤最大化の条件から導
出）。

③生産関数：$Y=F(N)$（Y：生産量　N：労働量）
労働の限界生産力＝実質賃金率 → 利潤最大化の条件
$dY/dN=w/P$（古典派の第1公準）
労働の限界生産力＝MPLは逓減し、右下がりの曲線
労働需要関数：$N_D=N_D(w/P)$

＊実質賃金率の減少関数…w/Pが下落 → **雇用量は増加**

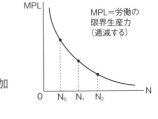

MPL＝労働の
限界生産力
（逓減する）

⑵労働供給曲線（N_S曲線）▶p118 ▶p120

①労働供給：職を探す労働者サイドの考え方。
労働供給量は労働の限界不効用（＝労働増加の苦痛）と実質賃金率で決まる。

- 労働量を追加することでの限界不効用＜実質賃金率 → 労働量を増やす
- 労働量を追加することでの限界不効用＞実質賃金率 → 労働量を減らす

→ 労働の限界不効用＝実質賃金率で労働の供給量を決定（古典派の第2公準）

ただ、これではわかりにくいので、現実的な側面から実
質賃金率が高くなると労働供給は増加すると考える。
したがって、

労働供給関数：$N_S=N_S(w/P)$

＊実質賃金率の増加関数…w/Pが上昇 → **供給量は増加**

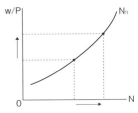

⑶労働市場の均衡（古典派のケース）▶p118

①労働需要関数：$N_D=N_D(w/P)$（実質賃金率の減少関数）

②労働供給関数：$N_S=N_S(w/P)$（実質賃金率の増加関数）

③労働市場の均衡：$N_D=N_S$（E点となる）　このN^*では完全
雇用が実現されており、失業者は自発的失業者のみである。

④不均衡からの調整

実質賃金率が今$(w/P)_1$に決まった。

→ ABの大きさの超過供給の発生（＝人余り）

実質賃金率(w/P)がすぐに下がり始める。

→ 均衡実質賃金率$(w/P)^*$に収束する。

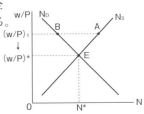

2 ケインズの労働市場

Level 1 ▷ **Q51**　Level 2 ▷ **Q58**

(1)ケインズの労働市場 ▶p119

①労働需要N_D：古典派を肯定＝同様に右下がりの曲線
②労働供給N_S：古典派を否定 → 労働供給曲線（N_S線）は水平
　　　　　　（賃金の下方硬直性）

(2)労働市場の均衡 ▶p119

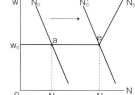

労働市場は今、N_D線＝N_S線のa点で均衡している。雇用量＝N_0である。ところが、完全雇用水準N_Fはe点である。したがって、労働市場は均衡しているにもかかわらず（N_F-N_0）の大きさの失業が存在する。これが現状の失業であり、働く意思があっても現行賃金では職がない「非自発的失業者」である。

3 物価水準の決定

Level 1 ▷ **Q52～Q54**
Level 2 ▷ **Q57**

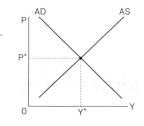

・総需要曲線：AD曲線＝右下がり ▶p124
・総供給曲線：AS曲線＝右上がり
・物価水準の決定：AD曲線＝AS曲線（PとYが決まる）

4 フィリップス曲線

Level 1 ▷ **Q55,Q56**
Level 2 ▷ **Q59,Q60**

(1)フィリップス曲線 ▶p126

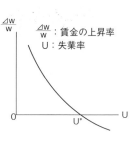

イギリスの経済学者のフィリップスは、「貨幣賃金の上昇率」と「失業率」との間に負の相関関係があると指摘した。
　負の相関関係：一方が増加すると他方が減少する関係であり、グラフでは右下がりの曲線。

(2)物価版フィリップス曲線 ▶p126

貨幣賃金の変化は物価水準の変化とほぼ連動するので、**貨幣賃金の上昇率をインフレ率（π）で置き換えたものが物価版フィリップス曲線**である（右下がりの曲線）。

(3)期待（予想）インフレ率を入れたフィリップス曲線・長期フィリップス曲線 ▶p129

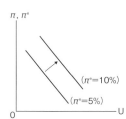

フリードマンは、今までの切片のないフィリップス曲線はあくまでも短期であり、**長期的にはフィリップス曲線は右下がりではなく、自然失業率の水準で垂直になる**と主張した。

短期：期待と現実とが一致しない状況
長期：期待と現実とが調整され一致する時間の長さ
　　π^e＝期待インフレ率：人々が予想するインフレ率
　　$\pi = \pi^e - \alpha \ (U-U^*)$
　　※切片を付け加えたy＝b－axのグラフ

第1章
第2章
第3章
第4章
第5章
第6章
第7章
第8章

Q51 古典派とケインズの労働市場

問 古典派とケインズの労働市場に関する次の記述のうち、妥当なものはどれか。(地方上級)

1 古典派の労働市場の均衡は右下がりの労働需要曲線と右上がりの労働供給曲線との交点で決まるが、これは必ずしも完全雇用均衡点とは限らない。

2 古典派によれば、一時的に失業が生じても物価の下落による実質賃金率の上昇で完全雇用が実現される。

3 ケインズによれば、失業が生じるのは完全供給独占企業の存在により実質賃金率が上昇するからである。

4 ケインズの労働供給は実質賃金率の関数であり、完全雇用水準に至るまでは実質賃金率は一定であると考えた。

5 ケインズの労働供給は貨幣賃金率の関数であり、労働市場は均衡するが完全雇用でなく非自発的失業者が存在する。

PointCheck

◆**古典派とケインズの労働市場**‥‥‥‥‥‥‥‥‥‥‥‥‥‥‥‥‥‥‥‥‥‥【★★☆】

マクロ経済学の中で、財市場・貨幣市場・(債券市場)に続く、4つ目の市場が労働市場である。

(1)古典派の労働市場の均衡

労働需要：$N_D = N_D(w/P)$
  (実質賃金率の減少関数) → 右下がり

労働供給：$N_S = N_S(w/P)$
  (実質賃金率の増加関数) → 右上がり

→ 労働市場の均衡 → $N_D = N_S$ より E 点で均衡

→ 労働量 N^* が決定 (このとき完全雇用)

古典派では、市場メカニズムの調整によりつねに完全雇用となり、失業者としては自分の意思で失業している「自発的失業者」のみである。

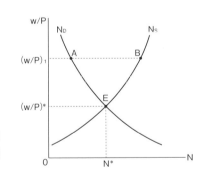

〔不均衡からの調整〕

もし、なんらかの事情で、実質賃金が $(w/P)_1$ に決まったとしよう。そうすると、労働市場ではABにあたる大きさの (労働の) 超過供給 (人余り) が発生する。すなわち、多くの失業者が存在していることになる。この結果、市場では実質賃金の下落を通じて失業が減少して、労働需給はE点で均衡する。

(2)ケインズの労働市場の均衡

N_D曲線＝労働需要曲線 → 右下がり

N_S曲線＝労働供給曲線＝水平（完全雇用水準を超えると右上がり＝古典派）

ケインズは、古典派が実質賃金率（w/P）で考えたのに対して、縦軸に貨幣賃金率(w)をとり、以下のように分析した。

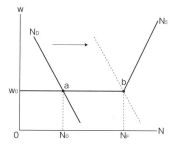

労働市場は今、N_D曲線＝N_S曲線のa点で均衡している。そのときの雇用量はN_0である。ところが一国全体の完全雇用水準はN_Fのb点である。したがって、（$N_F － N_0$）の大きさにあたる失業者の量こそが現状の失業を説明している（この失業者は働く意思があっても職がないので非自発的失業者と呼ばれる）。

＊ケインズの労働市場は、均衡しているにもかかわらず完全雇用が実現されていないので「不完全雇用均衡」あるいは「過少雇用均衡」と呼ばれる。完全雇用を実現するには、政府が有効需要を創出してN_D線をb点まで右シフトさせればよい。

A51 正解－5

1－誤　古典派では労働市場の均衡点でつねに完全雇用となる。

2－誤　失業が生じた場合には、実質賃金が下落することにより完全雇用が実現される。

3－誤　ケインズの主張とは何も関係ない。

4－誤　ケインズの労働供給は貨幣賃金率(w)の関数である。

5－正　現行の賃金で働く意思があっても職がない失業者を非自発的失業者という。

Q52 総需要・総供給曲線

問 総需要曲線（AD）と総供給曲線（AS）が下の図のように示されるとき、次の記述のうち、
妥当なものはどれか。　　　　　　　　　　　　　　　　　　　　　　　　　（国家一般）

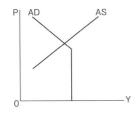

1　AD 曲線が右下がりであるのは、限界生産力逓減の法則に基づいている。
2　AS 曲線が右上がりであるのは、物価水準の上昇によって実質貨幣量が減少するためである。
3　AD 曲線が垂直となる領域では、投資の利子弾力性がゼロか流動性のわなに入っている。
4　貨幣賃金の上昇は AD 曲線を右上方にシフトさせ、国民所得を増やす効果を持つ。
5　AD 曲線が垂直な領域でも、AS 曲線のシフトによって国民所得を増やすことができる。

PointCheck

◉総需要・総供給曲線‥‥‥‥‥‥‥‥‥‥‥‥‥‥‥‥‥‥‥‥‥‥‥‥‥‥‥‥‥【★★★】
⑴総需要曲線・総供給曲線
　①総需要曲線（AD曲線）　**IS－LM均衡に基づく物価Pの変化と国民所得Yの関係**
　　物価Pの上昇（下落）→ LM曲線の左シフト（右シフト）
　　　　　　　　　　　→ IS－LM均衡点での国民所得Yの減少（増加）
　　　　　　　　　　　→ **AD曲線は右下がり**
　②総供給曲線（AS曲線）　**労働市場均衡に基づく物価Pの変化と完全雇用国民所得Y_Fの関係**
　　(a)古典派の労働市場 → 完全雇用を仮定 → **AS曲線はY_F水準で垂直**
　　(b)ケインズの労働市場 → 物価上昇＝実質賃金率の減少 → 労働供給量の増加
　　　　　　　　　　→ **AS曲線は右上がり**（→ 完全雇用に達すると垂直に）
　③均衡国民所得の決定
　　(a)古典派　　　　　　　　　　　　　　　　　(b)ケインズ

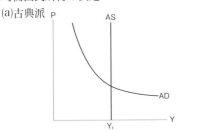

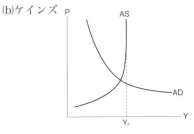

⑵総需要曲線（AD曲線）の垂直部分

総需要曲線は、IS－LM理論から導出される。したがって、IS曲線とLM曲線に特殊な状況が発生すると、総需要曲線も垂直という特殊な形になる。

①流動性のわな（貨幣需要の利子弾力性が無限大）のケース

経済が流動性のわなに入ると、物価水準が下落して実質マネー・サプライの増加によりLM曲線が右シフトしても国民所得は不変のままとなる（Pが下落してもYが一定になる部分）。

IS＝LM$_0$のとき＝a点

　　　↓物価水準Pが下落

IS＝LM$_1$のとき＝b点　（Yは増加）

　　　↓さらに物価水準Pが下落

IS＝LM$_2$のとき＝c点　（流動性のわな＝Yは一定のまま）

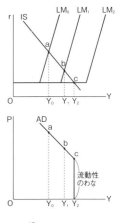

すなわち、Pが下落してもYは一定のままとなることから、**総需要曲線は流動性のわなに入ると「垂直」になってしまう。**

②投資の利子弾力性がゼロのケース（IS曲線が垂直）

このケースも①と同様にPの下落によるLM曲線の右シフトが起こっても、**ISの垂直部分ではYは不変**のままとなり、AD曲線は垂直となる。

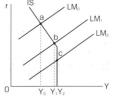

⑶ 総供給曲線（AS曲線）のシフト

$P = w \times dL/dY$　（y＝axのグラフ）

AS曲線の式では、切片にあたる項目がないことから、シフト要因としては、傾き(w)の変化で近似することになる。

貨幣賃金(w)の上昇 → 傾きが急になる → AS曲線の左シフト

貨幣賃金(w)の下落 → 傾きが緩やかになる → AS曲線の右シフト

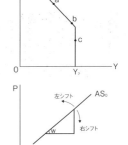

A52　正解ー3

1—誤　限界生産力逓減の法則から導出されるのはAS曲線である。

2—誤　物価水準の変化による実質貨幣量の変化はAD曲線にかかわるものである。

3—正　**PointCheck**⑵を確認。

4—誤　貨幣賃金の上昇はAS曲線を左上にシフトさせる（**Q53**参照）。

5—誤　AD曲線が垂直な領域ではAS曲線がシフトしても国民所得は不変。

Q53 総需要・総供給曲線のシフト

問 国民所得と物価水準の関係を表す総需要曲線と総供給曲線に関する次の記述のうち、最も妥当なのはどれか。 (国家一般)

1 政府支出の増加は、IS曲線の右上方へのシフトを通じて総需要曲線を右上方へシフトさせるが、総需要の増加に対応して生産が拡大するので総供給曲線を右下方へシフトさせることになる。

2 貨幣市場が流動性のわなに陥っている場合には、ピグー効果が働かないとすれば、物価の下落によって実質貨幣供給量が増加してもそれが国民所得の増加をもたらさないので、総需要曲線は垂直となる。

3 総供給曲線の傾きは投資の利子弾力性の大きさによって決定され、利子弾力性がゼロの場合には、総供給曲線は垂直になり、弾力性が無限大の場合には水平となる。

4 貨幣供給量の増加は、物価の上昇を通じて総供給曲線を左上方にシフトさせるだけでなく、利子率の低下を通じて投資を増加させるので、総需要曲線を右上方へシフトさせる。

5 貨幣賃金が上昇する場合には、労働供給量の増加により生産が拡大するので、総供給曲線は右下方にシフトするが、賃金上昇が消費需要を拡大させるので、総需要曲線は右上方にシフトすることになる。

PointCheck

◉総需要・総供給曲線··【★★★】

(1)総需要曲線のシフト要因

総需要曲線はIS−LM理論から導出されていることから、IS曲線、LM曲線のそれぞれのシフト要因が大きく影響してくるのである。以下でまとめてみよう。

①IS曲線の右方シフト要因

　(a)政府支出(G)の増加(減税)

　　財市場では、物価水準は不変なので、**IS曲線の右方シフトが、AD曲線の右方シフトを実現する。**

　(b)消費や投資の増加

　　→ IS曲線の右方シフト → AD曲線の右方シフト

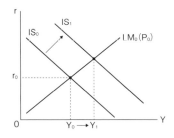

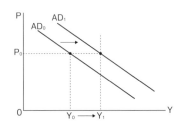

問題でPointを理解する

Level 1 **Q53**

第1章
第2章
第3章
第4章
第5章
第6章
第7章
第8章

②IS－LM曲線の特殊なケース
　(a)投資の利子弾力性がゼロ：IS曲線が横軸に対して垂直
　(b)貨幣需要の利子弾力性が無限大（流動性のわな）：LM曲線が横軸に対して水平
　　→ ともにAD曲線は垂直
③LM曲線の右方シフト要因
　金融緩和による名目貨幣供給量の増加（物価水準は不変）
　　→ LM曲線の右方シフト → AD曲線の右方シフト

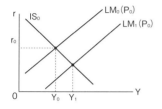
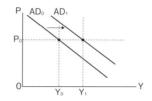

(2)総供給曲線のシフト要因（企業の利潤最大化条件より）
　$P = w \times dL/dY$　（$y = ax$のグラフ）
　切片がないことから、**傾き（＝貨幣賃金率）をシフト要因とみなす。**
①貨幣賃金率(w)の下落
　→ AS の右(下)方シフト（AS_1）
②貨幣賃金率(w)の上昇
　→ AS の左(上)方シフト（AS_2）
③技術進歩（革新）
　→ AS の右(下)方シフト

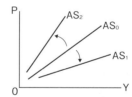

A53　正解－2

1—誤　政府支出の増加は、ISの右方シフトを通じてAD曲線を右方シフトさせ、国民所得（生産量）の増加につながるが、それによって、AS曲線がシフトすることはない。AS曲線のシフト要因は、貨幣賃金率の変化あるいは技術進歩である。
2—正　流動性のわなに陥っている場合か投資の利子弾力性がゼロ(完全に非弾力的)のケースでは、AD曲線は横軸に対して垂直となる。
　　　ピグー効果：ピグーは、消費関数の要素に、所得(Y)以外に実質貨幣残高（M/P）を導入し、物価の下落が消費の増加をもたらし、総需要が拡大するとした。
3—誤　総供給曲線の傾きは、貨幣賃金率(w)で決まる。
4—誤　貨幣供給量の増加は、総需要曲線をシフトさせるが、総供給曲線のシフト要因ではない。
5—誤　貨幣賃金上昇は、労働供給量の減少により生産を減少させるため、総供給曲線を左上方シフトさせることになる。

Q54 AD−AS曲線の計算問題

問 政府と海外部門を捨象したマクロ経済モデルが次のように与えられている。

$C=30+0.6Y$

$I=20-2i$

$L=0.2Y-4i$

$M/P=400/P$

（ Y：国民所得、C：消費、I：投資、i：利子率
　 L：貨幣需要、M/P：実質貨幣供給量、P：物価 ）

この経済の総供給関数が、$P=\dfrac{1}{6}Y$で与えられるとすると、総需要曲線と総供給曲線の均衡点における国民所得と物価水準はいくらになるか。

(国家一般)

	国民所得	物価水準
1	60	10
2	120	20
3	180	30
4	240	40
5	300	50

PointCheck

◉総需要・総供給曲線 　繰り返し確認 …………………………………【★★☆】

右下がりの総需要曲線（AD曲線）と右上がりの総供給曲線（AS曲線）が一致するところで、マクロの**物価水準(P)と国民所得(Y)が決定**される。

均衡点＝E

物価水準＝P_0、国民所得＝Y_0

(産出量)

＊ただし、Y_0である国民所得が完全雇用国民所得＝Y_Fになるとは限らない（古典派では、Y_Fの水準でAS曲線が垂直になる）。

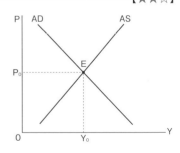

〔古典派のケース〕

古典派の労働市場観では、賃金や価格が完全に伸縮的になるのでつねに完全雇用が達成される。この結果、**物価水準の変化に関係なく完全雇用国民所得Y_Fの水準で総供給曲線（AS曲線）は「横軸に対して垂直」になる**。物価水準Pは総需要曲線がどの位置かによって決まる。

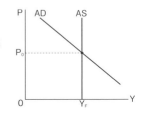

問題でPointを理解する
Level 1 Q54

第1章
第2章
第3章
第4章
第5章
第6章
第7章
第8章

●総需要曲線の導出（計算）………………………………………………………【★☆☆】

総需要曲線は、IS−LM理論から導出されるので、以下の手順にしたがって求めていく。

①IS曲線を求める。

$$Y=C(Y)+I(r)+G\cdots\cdots①$$

②LM曲線を求める。

$$L_1(Y)+L_2(r)=M/P\cdots\cdots②$$

③総需要曲線は、物価水準(P)と国民所得(Y)との関係を表すことから、①と②から利子率(r)を消去することで求められる（AD曲線は右下がりなので、反比例のグラフの形になる）。

A54 正解−2

(1)IS曲線を求める。

$$Y=C+I より$$
$$Y=30+0.6Y+20-2i$$
$$\therefore\ 0.4Y+2i=50\cdots\cdots①$$

(2)LM曲線を求める。

$$L=M/P より$$
$$0.2Y-4i=400/P\cdots\cdots②$$

(3)総需要曲線（AD曲線）を求める。

総需要曲線は$P=P(Y)$と表されることから、①②から利子率iを消去する。

$$①\times2+②より$$
$$Y=100+400/P$$
$$\therefore\ 400/P=Y-100$$
$$P=400/(Y-100)\quad（AD曲線）$$

(4)国民所得と物価水準を求める。

総供給曲線（AS曲線）が、$P=1/6\times Y$で与えられるので、AD＝ASより国民所得と物価水準を求める。

$$400/(Y-100)=1/6\times Y より$$
$$Y(Y-100)=2400$$
$$\therefore\ Y^2-100Y-2400=0$$
$$(Y-120)(Y+20)=0$$
$$Y>0より\quad Y=120、P=1/6\times120=20$$

125

Q55 フィリップス曲線

問 フィリップス曲線および自然失業率仮説に関する記述として、妥当なのはどれか。

(地方上級)

1 フィリップス曲線は、名目賃金上昇率と失業率との間の正の相関関係を示す右上がりの曲線をいい、1970年代のアメリカ経済におけるスタグフレーションの生成を検証したものである。

2 フィリップス曲線は、期待インフレ率の大きさに依存しており、期待インフレ率が上昇した場合、上方にシフトする。

3 自然失業率は、有効需要の減少によって、完全雇用が成立していない場合に存在する失業率をいい、全労働者に占める現行の市場賃金で働く意思がありながらも職を見つけることのできない失業者の割合である。

4 自然失業率仮説によると、政府が総需要拡大政策をとった場合、企業や労働者は、現実の物価上昇率と期待物価上昇率との乖離を正しく認識できるため、短期的に失業率を下げることはできない。

5 自然失業率仮説によると、長期的には、フィリップス曲線が垂直となるため、金融政策や財政政策によって、失業率を自然失業率より下げることができる。

PointCheck

●フィリップス曲線···【★★★】

⑴フィリップス曲線

フィリップス曲線は、もともとは、**貨幣（名目）賃金の上昇率と失業率との間に負の相関関係**を統計上発見したもので、それを物価やインフレ率の変化に応用する形で発展した。

⑵物価版フィリップス曲線

もともとのフィリップス曲線を、ケインジアンが**物価上昇率（$\Delta P/P$）と失業率(U)との関係**に置き換えたものである。貨幣賃金の上昇率が増加すると、生産コストの上昇に結びつくことから、企業はコスト上昇の一定割合を価格に転嫁することになる結果、物価の上昇（インフレ）につながるのである。このことから縦軸をインフレ率に置き換えて、右下がりの曲線で示したものが「物価版フィリップス曲線」である。

$$\Delta P/P = -\alpha(U-U^*) \quad (y=-ax のグラフ)$$
（U：現実の失業率、U^*：自然失業率、$\alpha > 0$（パラメーター））

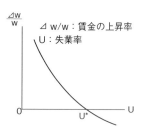

$\Delta w/w$：賃金の上昇率
U：失業率

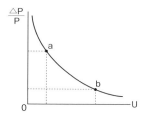

第1章

第2章

第3章

第4章

第5章

第6章

第7章

第8章

▼負の相関関係＝右下がりの曲線

　失業率の下落（上昇）は、インフレ率の上昇（下落）となり、一方がよくなると他方が悪くなるというトレード＝オフ関係（二律背反）になってしまう。

⑶自然失業率（＝完全雇用）

　M.フリードマン（マネタリスト）が提唱した概念で、労働市場においてさまざまな実質的要因（条件）に応じて生じる失業率である。**労働市場で市場メカニズムが完全に機能したときに残る失業率**となり、基本的に**「完全雇用」が成立している**ことになる。

失業者 $\Biggl\{$ ①自発的失業者
①②摩擦的失業者（制度のズレによる失業）
①③構造的失業者（経済の構造変化にともなう失業者）

⑷期待（予想）を入れたフィリップス曲線

　1973年末から1974年に発生した**スタグフレーション（失業率増加＋インフレ率の加速）**を理論的に説明するために、M.フリードマンが構築したもの。

　▼期待（予想）を入れたフィリップス曲線

　　$\Delta P/P = \pi = \pi^e - \alpha(U - U^*)$　　（$y = b - ax$のグラフ）

　期待（予想）インフレ率（＝π^e）を切片として付け加えたことによって、無数の右下がりのフィリップス曲線が描けることになった。そして、今までの右下がりのフィリップス曲線を「短期」だとみなし、最終的には長期のフィリップス曲線を導出した（**Q56**の**PointCheck**参照）。

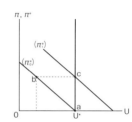

A55 正解－2

1—誤　フィリップス曲線は、もともと貨幣（名目）賃金上昇率と失業率との間に負の相関関係（右下がり）があることを示した曲線である。

2—正　期待（予想）を入れたフィリップス曲線では、切片のついた右下がりの直線（1次関数）で表されることから、切片＝期待インフレ率の上昇は、フィリップス曲線の上方シフトをもたらす。

3—誤　有効需要の減少によって、完全雇用が成立していない場合に存在する失業は、ケインズの指摘した「非自発的失業」である。自然失業率という概念は、基本的に完全雇用が実現している状況である。

4—誤　フリードマンの自然失業率仮説では、政府が総需要拡大政策をとった場合は、短期的には、現実の物価上昇率と期待物価上昇率とが乖離する貨幣錯覚に陥っており、失業率を下げることができる（**Q56**参照）。

5—誤　自然失業率仮説によると、長期的にはその水準で均衡することになり、ケインズ的財政・金融政策によって失業率を下げることはできない。

Q56 長期フィリップス曲線

問 失業率を横軸、貨幣賃金上昇率を縦軸にとったグラフに関する次の記述のうち、マネタリストの主張として妥当なのはどれか。 （地方上級）

1 短期フィリップス曲線は自然失業率の値で縦軸に平行な直線となるが、長期フィリップス曲線は予想されない賃金上昇率と失業率との間の増加関数となる。

2 短期フィリップス曲線はマネー・サプライの増加率の値で横軸に平行な直線となるが、長期フィリップス曲線は予想されない賃金上昇率と失業率との間の減少関数となる。

3 短期フィリップス曲線は予想されない賃金上昇率と失業率との間の減少関数となるが、長期フィリップス曲線は自然失業率の値で縦軸と平行な直線となる。

4 短期フィリップス曲線は予想されない賃金上昇率と失業率との間の増加関数となるが、長期フィリップス曲線は自然失業率の値で横軸に平行な直線となる。

5 短期フィリップス曲線はマネー・サプライの増加率の値で横軸に平行な直線となるが、長期フィリップス曲線は予想されない賃金上昇率と失業率との間の減少関数となる。

PointCheck

◉フィリップス曲線とマネタリスト……………………………………………【★★☆】

期待（予想）を入れたフィリップス曲線は、スタグフレーションという経済現象を説明するために構築された理論であり、マネタリストの中心であるM.フリードマンによって提示されたものである。ケインズ対マネタリスト（古典派）と学説の違いはよく出題されるので、しっかり整理しておくべきだ。

⑴ケインズとマネタリスト

①ケインズ（ケインジアン）

市場：不完全（**賃金の下方硬直性**）

国民所得：**有効需要の大きさで決まる**（**非自発的失業者**の存在）。

政策効果：財政政策と金融政策はどちらも産出量水準に影響を与える効果があるが、**財政政策の方がより大きい効果**を持つ。

②マネタリスト

M.フリードマンを中心とした古典派の貨幣数量説に立脚した経済理論を構築してきたことが、この学説の特徴である（新貨幣数量説など）。

市場：完全（**価格や賃金が伸縮的**）

国民所得：**供給側の要因で、自然失業率の水準に決まる。**

政策効果：政府は介入しない。**貨幣供給量の増加率を一定に保つのみ**（k%ルール）

→ ケインズ的政策は、短期的に有効だが長期的には無効

(2)長期フィリップス曲線

今、市場はa点で均衡しているとする（U^*：自然失業率＝現実の失業率だから）。政府が、選挙対策などで失業率を減らすために財政・金融政策を発動して追加的に需要を増やしたとする。

企業は**売上が増え雇用も増加**させる（U^*からU_0）。

↓　（a点からb点への移動）

実は、この景気は財市場で**超過需要が発生**したことによる**物価の上昇が売上高を増やした**にすぎなかったのである（ここで貨幣錯覚に気づく）。

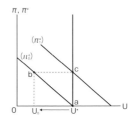

↓

{ 企　業：実質生産量は増えていないので**雇用を減らす**（失業の増大）
労働者：インフレによる実質賃金の目減り分を回復させるための**賃上げ**を要求
　　　　（これで、**期待インフレ率が増加**する）

↓　（π_0^eからπ_1^eに）

今までのフィリップス曲線から、右上のフィリップス曲線に移る。

この結果、新しい均衡点もb点からc点に移り自然失業率の水準に戻る。すなわち、均衡点は当初のa点からc点に移動しただけとなる。後はこの調整の繰り返しになる（このとき縦軸のインフレ率が上昇し、修正された期待インフレ率と現実のインフレ率とが等しくなっている）。このことから、**長期のフィリップス曲線は自然失業率U^*の水準で「横軸に対して垂直」**になる。

長期均衡：期待（予想）インフレ率（π^e）＝現実のインフレ率（π）

$\pi = \pi^e - \alpha(U - U^*)$において、$\pi = \pi^e$より、$U = U^*$が成立することになる（$U^*$で垂直）。

A56　正解－3

1—誤　短期フィリップス曲線は、失業率と貨幣賃金上昇率との間で減少関数（右下がり）となる。

2—誤　短期フィリップス曲線とマネー・サプライの増加率とは無関係である。

3—正　短期フィリップス曲線は貨幣賃金上昇率と失業率との間で減少関数（右下がり）となり、長期フィリップス曲線は、自然失業率の水準で縦軸に平行（＝横軸に垂直）な直線となる。

4—誤　短期フィリップス曲線は、貨幣賃金上昇率と失業率との間で増加関数（右上がり）ではなく、減少関数（右下がり）となる。

5—誤　長期フィリップス曲線は、自然失業率の水準で（横軸に）垂直となる。

Q57 総需要・総供給曲線のシフト

問 総需要曲線（AD）と総供給曲線（AS）が図のように示されるとき、次の記述のうち、妥当なものはどれか。 （地方上級）

1 AD曲線が右下がりになるのは、収穫逓減の法則に基づいている。

2 AD曲線が垂直となっている領域では、経済が流動性のわなに陥っている。

3 AS曲線が右上がりであるのは、物価水準の下落によって実質マネー・サプライが増加するからである。

4 貨幣賃金の上昇はAD曲線を右上方にシフトさせ、国民所得を増やす。

5 政府支出の増加はAS曲線を左上方にシフトさせ、国民所得を減らす。

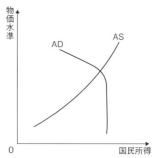

PointCheck

● 総需要曲線 AD のシフト要因 ………………………………【★★☆】

物価水準（P）は一定の下で国民所得（Y）が変化するケース（右シフトのケース）

①IS側からの要因

Pは一定という前提で、Yが増加する要因(IS曲線を右シフトさせる要因)

・政府支出の増加、減税、投資の増加、貯蓄の減少

②LM側からの要因

Pは一定のままでLM曲線を右シフトさせる要因

・名目マネー・サプライの増加、貨幣需要の減少

● AD 曲線の垂直部分 ………………………………【★★☆】

AD曲線の垂直：Pが下落してもYが変わらないケース

　　　　　（Pが下落してLM曲線が右方シフトしてもYが変化しないケース）

(1)貨幣需要の利子弾力性が無限大
（流動性のわな）のケース

当初の均衡点をA点とする。ここで、物価が下落してP$_1$になると、LM曲線もLM$_1$に右シフトする。この結果、国民所得もY$_1$に増加する（B

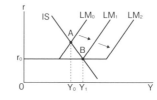
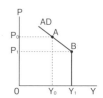

問題でPointを理解する

Level2 Q57

第1章

第2章

第3章

第4章

第5章

第6章

第7章

第8章

点に移る)。ここから、経済は流動性のわなに入ってしまうので、これ以上物価の下落によってLM曲線が右シフトしても、国民所得は増加しなくなり、AD曲線は横軸に対して垂直となる。

⑵投資の利子弾力性がゼロ（IS曲線が垂直）のケース

当初の均衡点をA点とする。ここで、物価が下落してP_1になると、LM曲線もLM$_1$に右シフトする。この結果、国民所得もY_1に増加する（B点に移る）。ここから、IS曲線の垂直部分に入ってしまうの

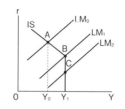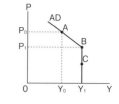

で、これ以上物価の下落によってLM曲線がLM$_2$に右シフトしても（C点に移っても）、国民所得は増加しなくなり、AD曲線は垂直となる。

●総供給曲線のシフト要因 ⋯⋯⋯⋯⋯⋯⋯⋯⋯⋯⋯⋯⋯⋯⋯⋯⋯⋯⋯⋯【★★☆】

Pは一定の下でYが変化するケース（右シフトのケース）

AS曲線：$P = w \times dL/dY$より、切片がないことから、傾きの変化がシフト要因となる。

→ 貨幣賃金率(w)の $\begin{cases} 上昇 \to AS曲線の左シフト \\ 下落 \to AS曲線の右シフト \end{cases}$

式には表れていないが、技術進歩（生産性の上昇＝コストの低下）は、AS曲線の右（下方）シフトを実現する。

A57 正解－2

- 1－誤　総需要曲線が右下がりになるのは、IS－LM曲線から導出されるからである。
- 2－正　流動性のわなや投資の利子弾力性ゼロは、金融政策が無効となる領域であり、物価が下落し総供給曲線ASが右下方シフトしても国民所得は変化せず、完全雇用は達成できない。
- 3－誤　AS曲線の右上がりは、利潤最大化と生産関数の収穫逓減の法則による。
- 4－誤　貨幣賃金の上昇はAS曲線を左上方にシフトさせる。
- 5－誤　政府支出の増加はISの右シフトであり、AD曲線の右上方シフトをもたらす。

Q58 古典派・ケインズの総供給曲線

問 図Ⅰ、Ⅱは2つの異なるモデルにおける総需要曲線、総供給曲線を示したものである。この図に関する次の記述のうち、妥当なものはどれか。ただし、Pは物価水準、Yは国民所得、Y_F は完全雇用国民所得、Sは総供給曲線、Dは総需要曲線である。 (国家一般)

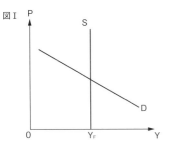

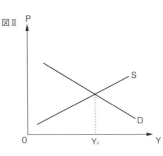

1 図Ⅰは、古典派モデルにおける総供給曲線、総需要曲線を示しており、物価が完全硬直的であるため総供給曲線は横軸に垂直となっている。

2 図Ⅰにおいて、政府支出を増加させると国民所得が増加し、総需要は拡大するが、物価は変化しない。

3 図Ⅱにおいて、財政支出を拡大させた場合、国民所得が増加し、利子率と物価は上昇する。

4 図Ⅱにおいて、財政支出の増加により総需要を拡大させなくても、物価の調整により失業は解消される。

5 図Ⅱにおいて、マネー・サプライを増加させた場合、国民所得は増加し、利子率は上昇し、物価は下落する。

PointCheck

●古典派の総供給曲線AS 理解を深める ・・・・・・・・・・・・・・・・・・・・・・・・【★★☆】

古典派では、労働市場は、賃金や価格が伸縮的に調整され、常に完全雇用が成立する。そして、財市場でも「供給がそれと等しい需要を生み出す」（セイの法則）とされ、産出量も完全雇用産出量（Y_F）がつねに実現する。このことから、総供給曲線はY_Fの水準で「垂直」となる。

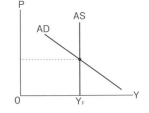

問題でPointを理解する
Level 2 **Q58**

第1章
第2章
第3章
第4章
第5章
第6章
第7章
第8章

●物価水準の決定 ‥‥‥‥‥‥‥‥‥‥‥‥‥‥‥‥‥‥‥‥‥‥‥‥‥‥‥‥‥‥‥【★★☆】

AD＝ASとなる均衡点Eで、P^*とY^*が決まる。

この均衡点Eは、あくまでも短期（一瞬）の均衡である。ここで決まるY^*は完全雇用国民所得（Y_F）ではないからである。したがって、完全雇用国民所得に向けて長期的に調整されていくことになる。

①ケインズ的調整 → AD曲線の右シフトによるY_Fの達成
②古典派的調整 → AS曲線の右シフトによるY_Fの達成
　　　　　　　　（Y_Fで垂直）

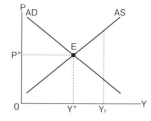

●マクロ経済の諸学派

	ケインジアン	マネタリスト	合理的期待形成学派	サプライサイド・エコノミクス
市場の調整力	不完全（価格や賃金の下方硬直性）	完全（価格や賃金の伸縮性）	完全（価格や賃金の完全伸縮性）	完全（価格や賃金の完全伸縮性）
国民所得	有効需要（総需要）が決定（セイの法則否定）	長期的には供給（生産）サイドで決定（自然失業率に対応する国民所得水準に決まる）	供給（生産）サイドで決定	供給（生産）サイドで決定（セイの法則）
物価	短期的には一定（長期的にはマネー・サプライに依存）	長期的にはマネー・サプライに比例して決まる	マネー・サプライに比例して決まる	マネー・サプライに比例して決まる［財市場での超過需要によるインフレの発生］
労働市場	非自発的失業の発生	完全雇用（摩擦的失業と自発的失業者のみ）	完全雇用（摩擦的失業と自発的失業者のみ）	制度的要因による失業の存在（失業給付があり仕事に就かない等）
財政政策	有効（裁量：景気に応じて微調整）	短期的には有効だが長期的には無効	短期的にも長期的にも無効	小さな政府を目標（規制緩和・減税・給付の縮小・貯蓄優遇）
金融政策	利子率を目標	マネー・サプライの増加率を一定に保つ（k％ルール）	短期的にも長期的にも無効	裁量的金融政策はインフレ率の変化を招く

 Level up Point! 労働市場そのものの出題ではないが、労働市場に対する古典派とケインズの違いは、マクロ経済学派の基本として、他の理論にもつながる重要な部分だ。この機会にもう一度確認しておこう。

A58 正解ー3

1－誤　古典派の総需要曲線は右下がり、総供給曲線は物価を完全伸縮的であるとするため、完全雇用国民所得（Y_F）の水準で垂直となる。

2－誤　図より、政府支出が増加し総需要曲線が右方シフトすると物価水準は上昇する。

3－正　財政支出の増加は総需要曲線を右方シフトさせる結果、国民所得の増加、利子率と物価の上昇が起こる（IS曲線の右上方シフトを想起すること）。

4－誤　物価が伸縮的に調整されることによって失業が解消されるのは図Ⅰの古典派のケースである。

5－誤　マネー・サプライの増加はLM曲線の右方シフトとなり、IS曲線不変のもとでは、利子率は下落する。また、物価はAD曲線の右方シフトにより上昇する。

Q59 長期フィリップス曲線とスタグフレーション

問 下の図はインフレ期待を考慮したフィリップス曲線である。A点からどの点に経済がシフトすると、いわゆるスタグフレーションの状況になるか。 (地方上級)

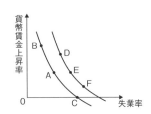

1　B点
2　C点
3　D点
4　E点
5　F点

PointCheck

◉期待（予想）を入れたフィリップス曲線‥‥‥‥‥‥‥‥‥‥‥‥‥‥‥‥‥‥【★★★】

　期待（予想）を入れたフィリップス曲線を導入したのが、M.フリードマンを中心とするマネタリストと呼ばれる学派である。マネタリストによれば、これまでの右下がりのフィリップス曲線は、あくまでも「短期」のフィリップス曲線であり、予想インフレ率の大きさによって短期のフィリップス曲線は理論上無数に存在するという。彼らは、これまでのフィリップス曲線に予想インフレ率（π^e）を加えた。

$$\pi = \pi^e - \alpha(U - U^*) \quad (y = b - ax\text{のグラフと同じ})$$

　すなわち、切片にあたるものを加えたのである（切片の大きさによって、グラフは無数になる）。

◉長期フィリップス曲線とスタグフレーション‥‥‥‥‥‥‥‥‥‥‥‥‥‥‥‥【★★☆】

　フリードマンは、期待（予想）を入れたフィリップス曲線を用いてスタグフレーションの現象と長期フィリップス曲線の存在を示した。

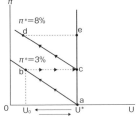

　適応的期待（予想）：現実と予想との誤差を徐々に修正していく形で収束する。

　当初はa点で均衡している（失業率は自然失業率の水準なので）。このとき、予想インフレ率は３％である。ここで、当局はさらに失業率を減らすために、ケインズ的財政・金融政策を発動したとする。その結果、企業では売上が増加し、新たに雇用を増やせる。

　すなわち、この状況では予想インフレ率は３％のままで、a点からb点へ向けて失業率が減少することになる。

　b点に到達した時点で、経営者は自分が錯覚していたことに気づく。売上が増加していたとみえていたが、実はすべての財の価格が上昇していたにすぎなかったのである。なぜなら、

当初、a点で均衡していた経済に、当局が新たに有効需要を付け加えたため、財市場で超過需要が発生し、物価が上昇していたのである。

　経営者：雇用を減らす（＝失業の増加→U*に戻る）。

　労働者：物価上昇で実質賃金が下落したことに対して、補てんや賃上げを要求。

　　→ 賃金の上昇は価格に転嫁され、物価が上昇すると予想することから、期待インフレ率を上方に修正する（π^e＝3％から8％の短期フィリップス曲線にシフトする）。

　　→ c点に移動する → 失業率の増加＋インフレ率の上昇＝スタグフレーション

　　　その後も同じ経過をたどると考えることから、d点 → e点へとシフトする。

▼長期フィリップス曲線（a点 → c点 → e点 → …）＝自然失業率（U*）の水準で「垂直」

　短期：現実と予想（期待）とが一致しない状況

　長期：現実と予想（期待）とが一致する時間

　$\pi = \pi^e - \alpha(U - U^*)$ において、長期では $\pi = \pi^e$ となるので、$U = U^*$ が成立する

　（例えば、x＝8のグラフと同じ意味）

▼結論：ケインズ的財政・金融政策は、短期的には有効だが長期的には無効である。

知識を広げる

第一次石油危機（ショック）

　第4次中東戦争に端を発した、原油価格が約4倍に上昇したことによる経済変動。3ドル/バレルの原油が約12ドルまで上昇したことで、主要先進国は大規模な経済変動に直面した。

　　石油代金の増加による国民所得の減少→不況→失業率の増加
　　原材料費の高騰による製品価格の大幅上昇→インフレ率の上昇

上記のように、失業率・インフレ率のどちらの要因も悪化するという現象が起こった。これが後に、「スタグフレーション」と名付けられたものである。これまでの物価版フィリップス曲線では説明がつかなくなってしまったのである。

Level up Point!　マネタリストは、古典派の貨幣数量説に基づいた経済学を標榜した学派であり、ケインズ批判を展開した。貨幣賃金の上昇率と失業率との間の「負の相関関係」を示したフィリップス曲線を、物価やインフレ率の変化に応用する形で発展させたのである。この理論を通じ、ケインズよりもマネタリストの主張が優位になってくる。

A**59**　正解― 3

　スタグフレーションとは、インフレ率の増加（加速）と失業率の増加が同時に進行する状況である。それぞれの点へのシフトは、

　A点 → B点（インフレ率の増加＋失業率の減少）

　　→ C点（インフレ率の減少＋失業率の増加）

　　→ D点（インフレ率の増加＋失業率の増加）

　　→ E点（インフレ率は不変＋失業率の増加）

　　→ F点（インフレ率の減少＋失業率の増加）

Q60 失業とインフレーション

問 失業とインフレーションに関する次の記述のうち、妥当なものはどれか。 （地方上級）

1 ケインジアンは、フィリップス曲線についてインフレ率と失業率との間の右下がりの関係を否定し、長期的には現行の失業率の水準で垂直になるとした。

2 フリードマンは、期待が完全に修正される長期では失業率は自然失業率に一致し、非自発的失業者のみが存在するとした。

3 オークンの法則とは、失業率と経済成長率の関係を示したものであり、高成長には高失業率が対応することになる。

4 合理的期待形成理論では、人々は現実のインフレ率を誤りなく予想する結果、財政・金融政策で失業率を自然失業率以下には維持できないことになる。

5 ブランチャードとサマーズによるヒステレシス（履歴）効果では、高失業率にもかかわらず賃金が硬直的になるのは制度的要因によるためだということである。

PointCheck

◉**インフレーション（物価水準の継続的上昇）**‥‥‥‥‥‥‥‥‥‥‥‥‥‥‥‥【★★☆】
⑴**要因**
　①デマンド・プル・インフレーション：超過需要などの需要側の要因から発生
　②コスト・プッシュ・インフレーション：生産コストの価格転嫁などのコスト要因から発生
　③輸入インフレーション：輸入財価格の上昇等の要因から発生
⑵**程度**
　①ハイパー・インフレーション：年間数百～数千パーセントにも達するインフレ
　②ギャロッピング・インフレーション：年間数十パーセントにも達するインフレ
　③クリーピング・インフレーション：年間数パーセント程度のインフレ

◉**失業の類型**‥‥‥‥‥‥‥‥‥‥‥‥‥‥‥‥‥‥‥‥‥‥‥‥‥‥‥‥‥‥‥‥【★★☆】
　①｛自発的失業：現行の賃金では働く意思のないことによる失業
　　　非自発的失業：働く意思があっても職がないことによる失業
　②摩擦的失業：市場での情報が不完備により発生する失業
　③構造的失業：経済の構造変化にともない発生する失業

◉**インフレ需要曲線・供給曲線**‥‥‥‥‥‥‥‥‥‥‥‥‥‥‥‥‥‥‥‥‥‥‥【★★☆】
⑴**インフレ需要曲線**：物価上昇率と総需要の関係（右下がり）
　総需要曲線 AD（物価水準と国民所得の関係）をシフトして導出される。
　　　$Y_t = Y_{t-1} + \alpha(m - \pi) + \beta g$
（Y_t：今期の国民所得、Y_{t-1}：前期の国民所得、m：マネー・サプライ増加率、π：物価上昇

率、g：政府支出増加率、α・β：正の定数)

(2)インフレ供給曲線：物価上昇率と総供給の関係（右上がり）

物価版フィリップス曲線とオークンの法則から導出される。

①物価版フィリップス曲線：物価上昇率と失業率の負の相関関係

②オークンの法則：失業率と国民所得の負の相関関係

→ 物価上昇率 π が上がると国民所得Yも上がる関係　$\pi = \pi^e + \gamma\,(Y - Y_F)$

(Y：国民所得、Y_F：完全雇用国民所得、π：物価上昇率、π^e：期待物価上昇率、γ：正の定数)

知識を広げる

財政・金融政策に関するその他の学派

(1)合理的期待形成学派（ルーカス、バロー）

市場メカニズムは完全であり、各経済主体は利用可能なあらゆる情報を用いて予測をするとの仮定から、短期的にも期待（予想）と現実とがほぼ一致することになり、ケインズ的財政・金融政策は無効となる。

＊5％マネー・サプライを増やすと、人々は瞬時に5％のインフレになると予想するため、実物経済に影響を与えられないことになる。

(2)サプライサイド・エコノミクス（フェルドシュタイン、ラッファー）

供給重視の経済学とも呼ばれ、ケインジアンとは反対の立場から政策提言をしている。不況期には政府の規制や税制によって民間経済の活力が抑制されているから、規制緩和や投資減税を行うべきだとする（ラッファー曲線：減税すると、逆に税収が増える）。

Level up Point!
失業とインフレーションに関するいくつかの項目を **PointCheck** で取り上げているが、試験対策のためには、特に理論の問題では大きな枠組みを中心に確認して、深入りは避けた方がいい。知っている範囲内で「その場で考える」技術を身につけておくことも重要である。

A60　正解－4

1－誤　ケインジアンは、インフレ率と失業率との間の右下がりの関係を肯定した。すなわち、フィリップス曲線をもとにした財政・金融政策の発動である。

2－誤　フリードマンは、長期では失業率が自然失業率に一致する結果、完全雇用となり、失業は摩擦的失業と自発的失業のみとなるとした。

3－誤　オークンの法則とは、失業率とGDPギャップとの間に負の相関があるというものである。すなわち、$Y - Y^* = -k(U - U^*)$ である。

4－正　短期的にも予想と現実とが一致することから、ケインズ的政策は短期的にも無効。

5－誤　ヒステレシス（履歴）効果とは、現在雇用されている労働者は、業績があるので高い賃金を要求し、一方失業者は賃金の決定に参加できないため低い賃金を受け入れる。このため、高失業にもかかわらず賃金が下方硬直的になるというものである。

Level 1 p140～p151　Level 2 p152～p159

1 ハロッド・ドーマーの経済成長論

Level 1 ▷ **Q61～Q63**
Level 2 ▷ **Q67,Q68**

(1)経済成長 ▶p141

　経済成長とは、年々の経済規模が拡大していく状況をいうが、現実的には、**GDPの対前年度増加率**を指す。

(2)ハロッドの経済成長論 ▶p142 ▶p144

　ケインズの一般理論には長期の問題、すなわち経済成長がないため、その弟子たちが経済成長の理論を構築した。ハロッドとドーマーは別々に理論を提示したが、結果的に内容が同じであったので、試験ではハロッド・ドーマーの成長論として出題される。

(3)ハロッドの成長方程式

　　①現実成長率：G＝s/v(貯蓄率÷資本係数) (資本係数：v＝K/Y、K：資本、Y：国民所得)
　　　　　　＊sは平均・限界のどちらでもよい。
　　②保証成長率：企業にとって資本の完全利用が実現したときの成長率
　　　　　　Gw＝s/v_r　(v_r：企業の望ましい資本係数＝必要資本係数)
　　③自然成長率：Gn＝n＋λ　(Gn＝nのケースもある)
　　　　　　n：労働人口の成長率
　　　　　　λ：技術進歩率＝労働生産性の増加率＝1人あたり国民所得の増加率
　　自然成長率とは、労働市場で完全雇用を実現してくれる成長率である。そうすると、財市場と労働市場が同時に均衡する成長率はGw＝Gnのときである。
　　　　Gw＝Gn →s/v_r＝n＋λ
　　　　＊G＝Gw＝Gnとなる状況はもちろん存在するが偶然である。

(4)不安定性原理 ▶p143 ▶p145

　現実成長率 (G) がいったん保証成長率 (Gw) から乖離してしまうと、その乖離は一層拡大しつづけ、経済の均衡軌道には戻らず不安定になる。その主な原因は、生産関数の資本・労働比率が固定的であることにある。すなわち、経済の状況に応じて資本と労働の組合せを変えられないから、一度外れると元に戻らないのである。

2 新古典派成長論 (ソロー、ミード、スワンなど)

Level 1 ▷ **Q64**
Level 2 ▷ **Q69**

(1)新古典派の可変的生産関数 ▶p146

　ハロッド・ドーマーの経済成長論が不安定性を持つため、それを修正したのが新古典派成長論である。すなわち、資本(K)と労働(L)との間に代替性を仮定するのである (状況に応じてKとLとを自由に組み替える)。
　生産関数：Y＝F(K, L)
　この両辺をLで割ると(労働者1人あたりの単位にする)
　　Y/L＝F(K/L, 1)

全体像をつかむ
POINT整理

第1章
第2章
第3章
第4章
第5章
第6章
第7章
第8章

Y/Lをy、K/Lをkとすると

$y = f(k)$

新古典派成長論の中身は、1人あたり資本量(k)の増加分Δkを求めることである。

(2)ソローの成長方程式 ▶p146

$k = \dfrac{K}{L}$ より、$\dfrac{\Delta k}{k} = \dfrac{\Delta K}{K} - \dfrac{\Delta L}{L}$

1人あたりの資本の増加率は、資本の増加率から労働者の増加率を引いた大きさで表される。

また、$\dfrac{\Delta K}{K} = \dfrac{I}{K} = \dfrac{S}{K} = \dfrac{sY}{K} = S\dfrac{Y}{L} \cdot \dfrac{L}{K} = \dfrac{sy}{k} = \dfrac{sf(k)}{k}$　(I＝S、y＝f(k)を代入)

$\dfrac{\Delta L}{L} = n$（労働の増加率）とおくと、$\dfrac{\Delta k}{k} = \dfrac{\Delta K}{K} - \dfrac{\Delta L}{L} = \dfrac{sf(k)}{k} - n$

以上から、$\Delta k = sf(k) - nk$（ソローの成長方程式）

新古典派では時間の経過とともに均衡点に収束する($= k^*$)。

この意味は、1人あたりの資本の増加は、1人あたりの投資から、新規に参入した労働者に割り当てた資本量を引いた大きさだけ増加するということである。

(3)定常状態＝長期均衡

ソローの成長方程式$\Delta k = sf(k) - nk$をkで割ると

$\Delta k/k = s \cdot f(k)/k - n$

定常状態では$\Delta k/k = 0$に収束するので（動かないということ）、

$sf(k)/k - n = 0$　つまり、$s \cdot f(k)/k = n$　となる。

また、$s \cdot f(k)/k = s \cdot y/k = s \cdot Y/L \div K/L = s \div K/Y = s/v$　となり、定常状態では$s/v = n$となる。

これは、まさしくハロッドの保証成長率＝自然成長率である。

3 コブ＝ダグラス型生産関数　　　Level1 ▷ Q65,Q66　Level2 ▷ Q70

新古典派成長論のもう1つの形がコブ＝ダグラス型生産関数である。 ▶p148 ▶p150

$Y = AK^{\alpha}L^{\beta}$　(A：技術進歩＝全要素生産性、$\alpha + \beta = 1$)

この式のままでは水準＝大きさしかわからないので、変化率(増加率)にすれば、成長率として取り扱えるので便利になる。したがって、この式の両辺の自然対数をとり、時間の変化率にするのである。対数をとると(対数をとる → 積は足し算、分数は引き算の形になる)、

$\log Y = \log A + \alpha \log K + \beta \log L$

これを時間(t)で微分して、時間の変化率を増加分(Δ)として表すと、

$\Delta Y/Y = \Delta A/A + \alpha \Delta K/K + \beta \Delta L/L$

(国民所得の増加率＝技術進歩率＋資本分配率×資本の増加率＋労働分配率×労働の増加率)

Q61 経済成長

問 昨年度は人口が 1 億人で名目 GDP が 500 兆円であり、今年度は人口が 1 億 100 万人で名目 GDP が 520 兆円であるとき、昨年に対する今年の 1 人あたりの実質 GDP の成長率はいくらか。ただし、物価上昇率は年率 1.5% である。　　　　　　　　（地方上級）

1　0.5%
2　1%
3　1.5%
4　2%
5　2.5%

PointCheck

●景気循環··【★☆☆】

　経済はつねに成長ばかりではなく、変動しながら展開していくのが現実である。景気循環はこの立場から経済の姿を把握するものである。

　景気循環：「後退（リセッション）→ 不況 → 回復 → 好況」の 4 局面が 1 つのサイクル

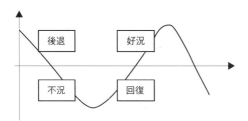

●代表的な景気循環の種類

	周期	要因
キチンの波	約 4 年（40 カ月）	在庫投資
ジュグラーの波	10 年	設備投資
クズネッツの波	20 年	住宅建築
コンドラチェフの波	50 年	技術革新

●経済成長‥‥‥‥‥‥‥‥‥‥‥‥‥‥‥‥‥‥‥‥‥‥‥‥‥‥‥‥‥‥‥【★★☆】

⑴経済成長の意義

　経済成長とは、年々の経済規模が拡大していく状況をいうが、現実的には、**GDP の対前年度増加率**を指す。

　前年度 GDP ＝ 500 兆円、今年度 GDP ＝ 510 兆円とすると

$$経済成長率＝\frac{510兆円－500兆円}{500兆円}×100＝2\%$$

$$成長率＝\frac{Y_t－Y_{t-1}}{Y_{t-1}}＝\frac{\varDelta Y}{Y}$$

⑵名目GDPと実質GDP

　①名目GDP：物価上昇分を含んだGDP

　②実質GDP：物価上昇分をとり除いたGDP

　③名目成長率と実質成長率との関係

　　　$Y´＝Y/P$　（実質GDP＝Y´、名目GDP＝Y、物価＝P）

　　　この式を増加率（成長率）の式に変形すると

　　　$\varDelta Y´/Y´＝\varDelta Y/Y－\varDelta P/P$

　　　実質GDP成長率(％)＝名目成長率(％)－物価上昇率(％)

　　＊デフレ経済では、名目成長率よりも実質成長率の方が高くなる。

A61 正解－3

　１人あたりの実質GDP＝y、名目GDP＝Y、物価＝P、人口＝Nとおくと、

　　$y＝(Y/P)÷N＝Y/PN$

　この式を成長率に変形すると

　　$\varDelta y/y＝\varDelta Y/Y－\varDelta P/P－\varDelta N/N$

　　＊実質GDP成長率＝名目GDP成長率－物価上昇率－人口増加率

　ここで、$\varDelta Y/Y＝$名目GDPの成長率＝$(520－500)÷500＝0.04＝4\%$

　　　$\varDelta P/P＝$物価上昇率＝1.5%

　　　$\varDelta N/N＝$（1億100万人－1億人）÷1億人＝$0.01＝1\%$

　∴　$\varDelta y/y＝4\%－1.5\%－1\%$

　　　　$＝1.5\%$

第1章

第2章

第3章

第4章

第5章

第6章

第7章

第8章

Q62 ハロッド＝ドーマーの経済成長論

問 ハロッド＝ドーマーの成長論では、資本係数や貯蓄率を一定で変わらないと仮定しているが、労働力の増加率が1%、技術進歩率が2%、資本係数が5、貯蓄性向が0.2のとき、保証成長率、自然成長率の正しい組合せは次のうちどれか。　　　　　　　　　　（地方上級）

	保証成長率	自然成長率
1	3%	1%
2	3%	3%
3	3%	4%
4	4%	3%
5	4%	4%

PointCheck

◉ハロッド＝ドーマーの経済成長論……………………………………………………【★★★】

　ケインズの一般理論は「短期」の理論であったので、ケインズの弟子であるハロッドは、理論の一般化を目指して「長期」理論を構築した（3本の成長式）。まずは、以下の公式を使いこなすことから始めよう（詳細については**Q63**も参照）。

⑴**現実成長率（G）**

$$G \cdot v = s, \quad G = \frac{s}{v} \qquad 現実成長率 = \frac{貯蓄率}{資本係数}$$

⑵**保証成長率（Gw）**

　企業にとって望ましい成長率、すなわち資本を完全利用したときに得られる成長率をいう。

$$Gw = \frac{s}{v_r} \qquad 保証成長率 = \frac{貯蓄率}{必要資本係数}$$

⑶**自然成長率（Gn）**

　労働市場で完全雇用が成立しているときの成長率であり、一国最大の成長率となる。

$$Gn = n + \lambda \qquad 自然成長率 = 労働人口の成長率 + 技術進歩率$$

　n：（労働）人口の成長率、λ：技術進歩率（労働生産性の上昇率）

⑷**数値例による計算**

　ある経済で均衡成長（経済全体が均衡しながら成長している）が実現されているとする。このとき、資本係数が4、貯蓄率が0.16、労働の成長率が3%であるなら、技術進歩率はいくらか。

　（解答）経済が均衡成長しているので、G＝Gw＝Gnのケースである。

$$\therefore \quad \frac{s}{v} = n + \lambda \text{ より、} \lambda = \frac{0.16}{4} - 0.03(3\%) \text{であるから、} \lambda = 0.01 \text{（1%）}$$

第1章

第2章

第3章

第4章

第5章

第6章

第7章

第8章

●**不安定性原理（ナイフ・エッジ原理）**……………………………………【★★★】

　ハロッドの成長論は、**経済が一度均衡から外れてしまうと、二度と均衡成長（G＝Gw＝ Gn）に戻らない性質**を持っている。これが、不安定性原理と呼ばれるものである。

(1)G＞Gwのケース

　$\dfrac{s}{v} > \dfrac{s}{v_r}$　より、sは一定なので、$v < v_r$ を意味している。

　すなわち、現実の資本係数が望ましい資本係数よりも小さく、既存の資本ストックが不足しているのである。このため、経営者は資本ストック増加のために投資を増加させる。投資乗数が働き、国民所得が増加して現実成長率(G)がさらに拡大し続けることになり、均衡には戻らない（G＜GwのケースについてはQ63の解説5を参照）。

(2)G＞Gn＞Gwのケース

　現実成長率(G)が保証成長率(Gw)を上回っているとしても、現実成長率(G)は自然成長率(Gn)に阻まれることから、いずれはGn≧Gに下降しG＞Gwとなり、上記のケースと同様に均衡には戻らない。

A62 　正解ー4

　本問では、資本係数(v)しか示されないので、必要資本係数(v_r)＝資本係数(v)として考える。

保証成長率

　Gw＝s/v＝貯蓄率/資本係数より

　　Gw＝20％/5＝4％

自然成長率

　Gn＝n＋λ＝労働人口の成長率＋技術進歩率より

　　Gn＝1％＋2％＝3％

Q63 ハロッドの成長論・不安定性原理

問 ハロッドの経済成長理論に関する記述として、妥当なのはどれか。 　　(地方上級)

1　ハロッドは、その経済成長理論において、必要資本係数が生産要素価格によって変化すると仮定した。

2　ハロッドは、経済成長について、現実の成長率がいったん適正成長率と一致しなくなると、その差は累積的に拡大するという不安定な性質があるとした。

3　ハロッドは、資本と労働は代替可能性にあるとし、この代替が十分に働けば、現実の成長率、自然成長率および適正成長率は長期的に一致するとした。

4　ハロッドは、適正成長率は資本の完全な稼働の下で可能となる成長率であるとし、貯蓄性向が増加すれば適正成長率は減少するとした。

5　ハロッドは、現実の成長率が適正成長率を下回る場合には資本不足の状態となり、現実の成長率を上昇させるためには金融緩和政策が有効であるとした。

PointCheck

◉ハロッドの成長理論　理解を深める ··【★★★】

(1)現実成長率(G)＝一国全体で現実に経済に起こる成長率

財市場が均衡する条件とは、貯蓄と投資の均等である。これから現実成長率 ($G=\Delta Y/Y$) が導出される。

I＝Sの両辺を国民所得(＝産出量) Yで割ると、I/Y＝S/Yとなる。

この左辺を式変形すると、$\Delta Y/Y \cdot I/\Delta Y = S/Y$

ここで投資は資本ストック(K)の増加分に等しいので、$I=\Delta K$ となり

$$\Delta Y/Y \quad \cdot \quad \Delta K/\Delta Y \quad = \quad S/Y \quad \cdots\cdots① \quad となる。$$
　　　↓　　　　　　　↓　　　　　　　　↓
成長率(G)　限界資本係数(V)　貯蓄率(S)

ここでK/Yとは、「資本係数」と呼ばれ、1単位の生産をするのに何単位の資本ストックが必要かを表す比率である。その増加分なので、$\Delta K/\Delta Y=$限界資本係数と呼ばれる。例えば、自動車1台を生産するのにどの程度の量の機械や設備が必要かを表している。したがって、**この(限界)資本係数の値が小さいほど生産効率がよいのである。**

$K/Y=\Delta K/\Delta Y=v$ とおくと、①は、$G \cdot v=s$となり、これから$G=s/v$（貯蓄率÷資本係数）が現実成長率を表す式となる（貯蓄率sは平均・限界のどちらでもよい）。

(2)保証成長率(Gw)＝資本の完全利用が実現したときの成長率(適正成長率)

Gが現実に達成される成長率に対して、ハロッド＝ドーマーは企業にとって最も望ましい成長率を提示した。これが保証成長率である。Gと基本的には同じだが、正確には**単なる資本係数＝vではなく、企業が必要とする（望む）資本係数なので、「必要資本係数」と呼んだ。**

これをv_rとすると、保証成長率は$Gw=s/v_r$となる。

第1章

第2章

第3章

第4章

第5章

第6章

第7章

第8章

(3)自然成長率(Gn)

完全雇用を実現する成長率として「自然成長率」が出てくる。結果的に自然成長率は以下のようになる（ただし、λを考慮しないケースもある）。

$$Gn = n + \lambda$$

　　n：(労働)人口の増加率

　　λ：技術進歩率＝労働生産性の増加率

　　　　　　↑

　　　　　国民1人あたりの所得の成長率にもなるYを、

　　　　　産出量と考えるか国民所得とみるかによる

(4)不安定性原理

ハロッドの成長論では、一度成長軌道から外れると、二度と均衡成長に戻らない性質がある。これを「不安定性原理」と呼ぶ。現実成長率(G)と保証成長率(Gw)を例としてそのことを説明する(計算ではなく文章問題でよく出題される)。

▼現実成長率が保証成長率より大きいケース(G＞Gw)

「G＞Gw」は「s/v＞s/v_r」と同じである。また、一国全体での貯蓄率(s)は一定とする。

企業にとって望ましい成長率(Gw)よりも**現実に起こっている成長率(G)の方が高い状態**である。すなわち、経済は好況であり、企業者の目には好景気で品物がどんどん売れている状況に映るのである。そこで、企業はこの好景気に乗り遅れないためにさらなる増産計画を実現するのである。すなわち、**資本ストック(K)を増強**することになる。

そうすると、K/Yの増大　→　v_rの上昇　→　**G＞Gwのさらなる乖離**となり、G＝Gwには戻らなくなる。

A63　正解ー2

1—誤　ハロッドの成長論では、資本と労働の組合せは固定的であると仮定されているので、生産要素価格によって変化しない。

2—正　これが不安定性原理と呼ばれている。

3—誤　ハロッドの成長論では、固定的生産関数が仮定されていることから、資本・労働比率も固定的になってしまう（代替可能ではない）。

4　誤　適正(保証)成長率は、貯蓄率÷必要資本係数で定義されることから、貯蓄性向の増加は、適正成長率を増加させることになる。

5—誤　**PointCheck**(4)の解説とは逆に、G＜Gwのケースである。現実成長率が適正成長率を下回る場合には、企業者には資本過剰と映り、資本の稼働率を低下させることになる（金融を緩和しても現実成長率は上がらない）。そして必要資本係数の低下を通じ、適正成長率はますます上昇してしまうことになる。

Q64 新古典派経済成長理論

問 新古典派経済成長理論に関する次の記述のうち、妥当なものはどれか。 （国税専門官）

1　新古典派経済成長理論においては、生産に必要な資本と労働の投入比率が固定的であるために生産要素市場は常に均衡状態にある。

2　新古典派経済成長理論においては、マーケット・メカニズムの働きにより長期的には保証成長率と自然成長率とが一致する均斉成長が達成される。

3　新古典派経済成長理論においては、現実の成長率が保証成長率と異なる場合には、その乖離が進行するので、均斉成長は達成されない。

4　自然成長率とは財市場を常に均衡させる成長率であり、新古典派経済成長理論においては現実の成長率は自然成長率と等しくなる。

5　新古典派経済成長においては、長期的には毎期1人あたりの所得が最大になるような最適な経済成長が達成されるが、これを「黄金律」という。

PointCheck

●ソローの成長方程式（新古典派成長論）　理解を深める ……………………【★★☆】

ハロッドの成長モデルが不安定性を内包している原因が、固定的生産関数を前提にしていることであったことから、ソローなどの新古典派成長理論では、可変的生産関数が仮定されている。すなわち

$$Y=F(K, L)……①$$

さらに、この生産関数では、規模に関して収穫一定（不変）も仮定されている。すなわち、KとLを同時に2倍すると、Yも2倍になるのである（数学的には一次同次関数といわれる）。

①の両辺をLで割って、1人あたりに換算すると

$$Y/L=F(K/L, 1)……②$$

となる。

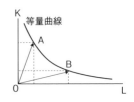

$$\begin{cases} Y/L=y（1人あたりの産出量） \\ K/L=k（資本・労働比率、資本装備率） \end{cases}$$

資本と労働をどのように組み合せて利用するか（資本・労働比率）は、賃金率(w)と資本賃借費(r)とが市場メカニズムの働きによって、どのように変化するかによって自動的に決まることになる。こうした前提の下で、生産関数も

$$y=f(k)……③（収穫逓減が働く）$$

となる。

〔ソローの基本方程式〕

$$\varDelta k=sf(k)-nk……④$$　（途中式は**POINT整理**参照）

第1章

第2章

第3章

第4章

第5章

第6章

第7章

第8章

このとき、定常状態（均斉成長）では、ハロッドのGw＝Gnがつねに成り立つことになる。

定常状態：⊿k＝0　よりsf(K)－nk－0　∴sf(k)/k＝n　（Gw＝Gn）

$$\begin{cases} sf(k)/k=s\cdot(y/k)=s\cdot(Y/L)/(K/L)=s\cdot Y/K \\ \qquad =s\cdot(1/(K/Y))=s\cdot(1/v)=s/v=Gw \\ n=Gn\ （技術進歩のないケース） \end{cases}$$

(a)k＝k_0のとき、sf(k)＞nkより

sf(k)－nk＞0となり、

⊿k＞0よりkが増加 → k^*に収束

(b)k＝k_1のとき、sf(k)＜nkより

sf(k)－nk＜0となり、

⊿k＜0よりkが減少 → k^*に収束

(c)k＝k^*のとき、sf(k)＝nkより

sf(k)－nk＝0となり、

⊿k＝0 → kは不変

→ k^*が定常状態(均斉成長)である。

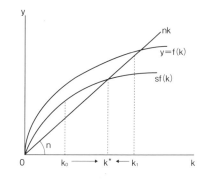

A64　正解－2

1―誤　ハロッド・ドーマーの成長理論の前提は固定的生産関数で、この資本・労働比率（K/L）が固定される問題を新古典派は代替可能に修正したのである。

2―正　新古典派の成長論では、長期的にはハロッドの保証成長率(Gw)と自然成長率(Gn)が必ず実現されることになる。

3―誤　新古典派では、現実の成長率と保証成長率が乖離しても、資本・労働比率が自動的に調整されて均斉成長が実現される。本肢の内容は、ハロッド・ドーマーの「不安定性原理」である。

4―誤　自然成長率（Gn）は労働人口の増加率(n)に等しいので、これは、労働市場での完全雇用を実現するものである（ただし技術進歩はないものとする）。

5―誤　最適成長理論とは、定常状態（長期均衡）で、1人あたりの消費を最大にする成長率をいう（成長の黄金律）。このとき、資本の限界生産力は、自然成長率Gn＝nに等しくなる。

〔参考〕　C＝y－S　（C：消費量、y：所得、S：貯蓄、すべて1人あたり）

C＝f(k)－s・f(k)　（s：貯蓄率、f(k)：1人あたりの生産関数）

＝f(k)－nk　（∵　sf(k)－nk＝0）

kで微分して＝0とおく → Cの最大化

dc/dk＝f´(k)－n＝0　より、

f´(k)＝n　（資本の限界生産力＝自然成長率）

Q65 コブ＝ダグラス型生産関数の特徴

問 ある経済のマクロ的生産関数が次のように与えられている。

$$Y = AK^{0.4}L^{0.6}$$

　ここで Y は実質 GDP、A は技術水準、K は資本量、L は労働量を表す。実質 GDP 成長率が 3％、資本の成長率が 4％、労働の成長率が 1％であるとき、この経済の技術進歩率はいくらになるか。　　　　　　　　　　　　　　　　　　　　　　　　　　　　（国家一般）

1　0.5%
2　0.8%
3　1.1%
4　1.4%
5　1.7%

PointCheck

●コブ＝ダグラス型生産関数‥‥‥‥‥‥‥‥‥‥‥‥‥‥‥‥‥‥‥‥‥‥‥‥‥‥‥【★★☆】
〔一般形〕

　　$Y = AK^{\alpha}L^{\beta}$‥‥‥①　（$\alpha + \beta = 1$）

　（Y：産出量《GDP 等》、A：技術水準《全要素生産性》、K：資本量、L：労働量、α：資本分配率、β：労働分配率）

　①の形では水準（大きさ）そのものなので、増加率（パーセント）に変換することでデータが代入しやすくなる。そのためには、数学的に変換することになり、少々難しいレベルになってしまうので、途中式はすべて捨象して、以下の結果だけを頭に入れればよい。

（数学的には、自然対数 log をとって、時間 t で微分し、増加分で表す）

　　$\Delta Y/Y = \Delta A/A + \alpha \times \Delta K/K + \beta \times \Delta L/L$‥‥‥②

　＊ log をとると、かけ算 → 足し算、割り算 → 引き算に変換できる。

　ここで、$\Delta A/A$ は技術進歩率あるいは全要素生産性の増加率といわれる。すなわち、GDP の成長率のうち、資本量(K)と労働量(L)の増加率では説明できない残りの部分なので、ソローの残差といわれることがある。

〔参考〕労働分配率（β）

コブ＝ダグラス型生産関数（一般形）で、労働量(L)の指数であるβが労働分配率を表すことを示しておく。

労働分配率(β)＝賃金/収入（労働者への分け前）

$\beta - wL/PY = w/P \cdot L/Y$

企業の利潤最大化が実現するとき、$\Delta Y/\Delta L = w/P$となる。

$\therefore \beta = \Delta Y/\Delta L \cdot L/Y = \partial Y/\partial L \cdot L/Y$

ここで、$\partial Y/\partial L = AK^{\alpha} \cdot \beta \cdot L^{\beta-1} = \beta \cdot AK^{\alpha} \cdot L^{\beta} \cdot L^{-1}$

$\partial Y/\partial L = \beta \cdot Y \cdot (1/L) = \beta \cdot (Y/L)$ より

$\beta = \partial Y/\partial L \cdot L/Y = w/P \cdot L/Y$ （労働分配率）

同様にして、資本量(K)の指数αが、資本分配率を表す。

第1章
第2章
第3章
第4章
第5章
第6章
第7章
第8章

A65 正解－2

$Y = AK^{0.4}L^{0.6}$……①

①を増加率に変換する（自然対数をとって、時間tで微分して増加分で表す）。

$\Delta Y/Y = \Delta A/A + 0.4 \times \Delta K/K + 0.6 \times \Delta L/L$……②

②に数値を代入して

$3\% = \Delta A/A + 0.4 \times 4\% + 0.6 \times 1\%$ より

$\Delta A/A = 3\% - 2.2\% = 0.8\%$

Q66 コブ＝ダグラス型生産関数による経済成長

問 コブ＝ダグラス型生産関数 $Y = TL^{0.6}K^{0.4}$（Y、T、L、Kはいずれも時間の関数、Y：生産量、T：技術進歩、L：労働量、K：資本量）において、技術進歩率（$\Delta T/T$）および資本装備率の増大の速度（$\Delta K/K - \Delta L/L$）は表の通りである。この場合において第1期の経済成長率（$\Delta Y/Y$）が4.8％で与えられたとき、第2期の経済成長率はいくらになるか。

ただし、労働の成長率は各期とも同じであるとする。 （国家一般）

	$\Delta T/T$	$\Delta K/K - \Delta L/L$
第1期	3.0	2.0
第2期	3.5	3.0

1 約 5.7％
2 約 6.3％
3 約 7.0％
4 約 7.7％
5 約 8.5％

PointCheck

●コブ＝ダグラス型生産関数 　理解を深める 　┅┅┅┅┅┅┅┅┅┅┅┅【★★☆】

コブ＝ダグラス型生産関数を利用した成長論では、最近の出題は **Q65** で説明した成長式に適用するパターンが多いが、以前は少し変形したモデルでの出題もかなり見受けられたので、今後は要注意かもしれない。

〔一般形〕

$Y = AK^{\alpha}L^{\beta}$……①　（$\alpha + \beta = 1$）

（Y：産出量《GDP等》、A：技術水準《全要素生産性》、K：資本量、L：労働量、α：資本分配率、β：労働分配率）

(1)標準形

$\Delta Y/Y = \Delta A/A + \alpha \cdot \Delta K/K + \beta \cdot \Delta L/L$

(2)資本装備率の形での展開

資本・労働比率（K/L）は、資本装備率ともいわれ、労働者1人がどのくらいの資本（ストック）を装備しているかを表し、経済成長を生み出す源泉となっている。

①の両辺を労働(L)で割る。

$Y/L = (AK^{\alpha}L^{\beta})/L = AK^{\alpha}L^{\beta} \cdot L^{-1} = AK^{\alpha} \cdot L^{\beta-1}$

ここで、$\alpha + \beta = 1$より、$\beta - 1 = -\alpha$となり、これを上式に代入すると

$Y/L = AK^{\alpha} \cdot L^{-\alpha} = A(K/L)^{\alpha}$……②

これによって、1人あたり産出量と資本装備率との関数関係ができあがることになる。

②の両辺、自然対数（log）をとり、時間tで微分して、増加分で表すと（途中式は無視する）、$\Delta Y/Y - \Delta L/L = \Delta A/A + \alpha\ (\Delta K/K - \Delta L/L)$……③
となる。

③の左辺が、1人あたりの成長率を表し、右辺第二項のカッコ内が資本装備率の増加率を表すことになる。一方、左辺は1人あたりの産出量の増加分（成長率）を表している。

〔参考〕

(1)の標準形からも式を変形することで③と同じ形が得られる。

$\Delta Y/Y = \Delta A/A + \alpha \cdot \Delta K/K + \beta \cdot \Delta L/L$

ここで、$\alpha + \beta = 1$より、$\beta = 1 - \alpha$となり、これを上式に代入すると

$\Delta Y/Y = \Delta A/A + \alpha \cdot \Delta K/K + (1 - \alpha) \cdot \Delta L/L$

$= \Delta A/A + \alpha \cdot \Delta K/K + \Delta L/L - \alpha \cdot \Delta L/L$

$\therefore\quad \Delta Y/Y - \Delta L/L = \Delta A/A + \alpha\ (\Delta K/K - \Delta L/L)$ となる。

A66 正解一1

$Y = TL^{0.6}K^{0.4}$……①

①の両辺をLで割る。

$Y/L = TL^{0.6}K^{0.4}/L = T \cdot L^{0.6}/L \cdot K^{0.4} = T \cdot L^{-0.4} \cdot K^{0.4}$

$\therefore\quad Y/L = T \cdot (K/L)^{0.4}$……②

②で、両辺対数をとって、時間で微分して増加分で表すと

$\Delta Y/Y - \Delta L/L = \Delta T/T + 0.4 \times (\Delta K/K - \Delta L/L)$

〔第1期〕

$4.8\% - \Delta L/L = 3.0\% + 0.4 \times 2.0\%$より

$\Delta L/L$(労働の成長率)$= 1\%$

〔第2期〕

労働の成長率は各期とも同じなので、

$\Delta Y/Y - 1\% = 3.5\% + 0.4 \times 3.0\%$より

$\Delta Y/Y = 5.7\%$

第7章 経済成長論 Level 2

Q67 ハロッドの成長モデル

問 経済成長モデルが、

$Y = \min\{K/5, L\}$ （Y：産出量・国民所得、K：資本、L：労働）

$Y = C + I$ （C：消費、I：投資）

$C = (1 - s)Y$ （s：貯蓄率）

$\Delta K = I$ （⊿K：Kの増分）

$\Delta L = 0.02L$ （⊿L：Lの増分）

で示されるとする。資本の完全利用と労働の完全利用が常に維持される経済成長が実現するためには、貯蓄率sはいくらか。 （地方上級）

1 0.1
2 0.15
3 0.2
4 0.25
5 0.3

PointCheck

◉ハロッドの成長モデル 理解を深める ……………………………………………【★★☆】

⑴ハロッド・モデルの特徴

ハロッド・モデルにおける最大の特徴の1つが、固定的生産関数を前提にしているということである。固定的生産関数は下の形で表される。

$Y = \min\{K, L\}$ （min：ミニマムと読み、カッコのうち小さい方の値をとる）

↓

①K＜Lならば、Y＝K（資本だけで生産）
②K＞Lならば、Y＝L（労働だけで生産）

これをグラフで表すと、L字型生産関数となる(レオンチェフ型生産関数)。

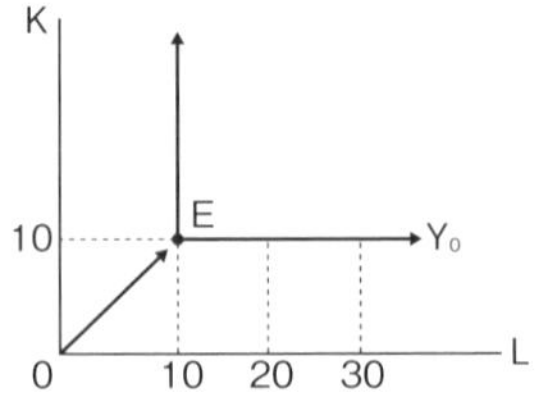

例えば、生産量Y＝10とすると、①より、K＝10、②よりL＝10のグラフが描ける。このとき、Lが10よりも大きくなってしまうところでは、小さい方をとることから、K＝10のグラフが採用される。同様にKが10より大きい範囲では、L＝10のグラフとなるため、L字型で描か

問題でPoint を理解する

Level 2 Q67

第1章

第2章

第3章

第4章

第5章

第6章

第7章

第8章

れるのである。

　この状況の下で、資本と労働を組み合せて生産できる点はE点のみとなり、資本・労働比率（K/L）も固定的になってしまうのである。この結果、E点から少しでも外れると、元に戻ることはできずに累積的拡大が起こってしまうのである。これが「不安定性原理」を生む原因なのである。こうしたハロッド・モデルの問題点を修正したのが新古典派成長理論である。

Level up Point!

　ハロッドの成長論では、その理論内容について文章題で出題されるケースが多いが、本問のように計算問題での出題も見受けられることがあるから、ハロッドの成長モデルの数学的骨組みもしっかり理解しておく必要がある。ハロッド成長論の計算問題では、指示されたモデル式を解くパターンよりも各成長方程式の定義どおりに、モデル式の中から数値をとり出して代入して解く方が簡単になる。

A67　正解ー1

問題文より

(a)「資本の完全利用が実現」

　→ 保証成長率（Gw）＝s/v　が実現

(b)「労働の完全利用が実現」

　→ 自然成長率（Gn）＝n＋λ　が実現

(a)と(b)がつねに維持される経済成長が実現することから、

　Gw＝Gnより　s/v＝n＋λ……①　の状態となる。

生産関数Y＝min{K/5, L}　より

$\begin{cases} \text{(a)K/5＜Lのとき、Y＝K/5} \\ \text{(b)K/5＞Lのとき、Y＝L} \end{cases}$

まず、資本が完全利用されることから、(a)が採用され、

　Y＝K/5より　K/Y＝5　　よって、資本係数v＝5

また、⊿L＝0.02Lより

　⊿L/L＝0.02　　よって、労働の増加率n＝0.02

ここで、λ＝技術進歩率は、このモデルに入っていないことから、①は

　s/v＝n……②　となる。

②に、v＝5、n＝0.02、の各数値を代入して

　s/5＝0.02　　∴　s＝0.1

Q68 現実成長率と保証成長率

問 ハロッド・ドーマー・モデルに関するA ～ Dの記述のうち、妥当なもののみを全て挙げているのはどれか。 (国家一般)

A ハロッド・ドーマー・モデルは、ケインズ体系を動学化したモデルであり、投資の持つ二面性を考慮したモデルである。すなわち、投資について見ると、需要面においては、投資の増加が乗数効果を通じて総需要を拡大させる効果を持ち、供給面では投資による資本蓄積で総供給を拡大させる効果を持つ。

B ハロッド・ドーマー・モデルでは、資本係数は資本１単位が生み出す産出量の大きさを示しており、産出量を資本量で割った値で示される。したがって、資本係数の大きさは、資本量が大きくなるにつれて比例的に低下する。

C ハロッド・ドーマー・モデルでは、資本の完全利用が維持される産出量の増加率は保証成長率と定義され、資本係数を貯蓄率で割った値で示される。一方、労働人口増加率から技術進歩率を差し引いた値は自然成長率と定義される。このモデルによると、保証成長率と自然成長率が等しくなることは偶然以外にはないとされる。

D ハロッド・ドーマー・モデルでは、投資成長率が保証成長率を上回ると、総需要の拡大が総供給の拡大を上回って需要過剰が生じるが、需要過剰が生じると供給不足を解消するため投資が促進され、それが乗数効果を通じて更なる需要拡大をもたらす結果、需要過剰はより大きくなる。

1 A、B
2 A、D
3 B、C
4 B、D
5 C、D

PointCheck

●現実成長率（G）と保証成長率（Gw）の関係 〔繰り返し確認〕 ·····················【★★★】

現実成長率：$G = \dfrac{s}{v}$、 保証成長率：$Gw = \dfrac{s}{v_r}$

(1)G＞Gwのケース

$\dfrac{s}{v} > \dfrac{s}{v_r}$ となり、貯蓄を一定とすると、$v < v_r$……①となる。

資本係数$(V) = \dfrac{\varDelta K}{\varDelta Y} = \dfrac{I}{\varDelta Y}$ であるから（$\varDelta K$：資本ストックの増分、I：投資）

①は、企業にとって望ましい成長のためには、資本ストック(K)を増強し、投資を増やす方

向に動くことになる。
⑵G＜Gwのケース

$\dfrac{s}{v}<\dfrac{s}{v_r}$　となり、v＞v_r……②となる。

　したがって、①とは逆に②は、企業にとって望ましい成長のために、資本ストック(K)を減少し、投資を減らす方向に動くことになる。

◉自然成長率(Gn) と保証成長率(Gw) の関係 …………………………【★★★】

　自然成長率：Gn＝n、　保証成長率：Gw＝$\dfrac{s}{v_r}$

⑴Gn＞Gwのケース

n＞$\dfrac{s}{v_r}$　となり、資本係数を一定とすると、貯蓄(s)不足となる。

したがって投資が増え、過剰投資によるインフレ傾向となる。

⑵Gn＜Gwのケース

n＜$\dfrac{s}{v_r}$　となり、過剰貯蓄(s)となる。

したがって、過剰貯蓄により投資が減少し、生産能力の過剰・失業者の増大が生じる。

Level up Point!　経済成長理論の分野では、ハロッドの成長論が基本であり、3本の成長式と不安定性原理など、その理論内容について多く出題されている。ここでは特に、G、Gw、Gn の関係についてしっかり確認、理解しておこう。

A68 正解－2

A－正　ケインズの有効需要原理をもとに長期（経済成長）理論を構築したハロッドとドーマーは、企業の投資が、有効需要原理による需要創出効果と、資本蓄積を通じた生産能力創出効果を持つという、「短期・長期」「需要・供給」の「投資の二重効果」を指摘した。

B－誤　資本係数（v＝K/Y）のKは資本、Yは国民所得であり、産出量（＝国民所得）1単位あたりに必要な資本ストックを示す。産出量を資本ストックで割った値は産出係数である。また、資本係数は一般的に好況時に小さく不況時に大きくなるが、ハロッド・ドーマー・モデルで資本係数は一定と仮定される。

C－誤　保証成長率は貯蓄率を資本係数で割った値であり、自然成長率は労働人口増加率に技術進歩率を加えた値である。また、G＝Gw＝Gnのとき均衡成長路線となるが、この均衡成長の実現は偶然でしかない。

D－正　「投資(現実)成長率G＞保証成長率Gw」となると企業は投資を増やすが、その結果、次期の投資成長率が増加することになり、次々と累積的な不均衡が生じる（不安定性原理）。このため経済成長には政府の裁量的介入が必要となる。

Q69 ソローの成長理論

問　新古典派の経済成長モデルが

$$y=\sqrt{k}$$
$$\varDelta k=sy-nk$$

$$\left[\begin{array}{l} y：1人あたり生産量、k：1人あたり資本量 \\ \varDelta k：kの増分、s：貯蓄率、n：人口増加率（一定） \end{array}\right]$$

で示されるとする。当初、経済は定常状態にあるものとする。

　もし、貯蓄率が上昇すると、新たな定常状態の1人あたりの資本率kと1人あたり産出量yの水準は以前の定常状態と比べてどのようになるか。

　ただし、k＝0、y＝0となるような自明の定常状態は考えないものとする。　　（地方上級）

1　kは低下し、yは上昇し、資本係数k/yは低下する。

2　kは上昇し、yは低下し、資本係数k/yは上昇する。

3　kとyはともに上昇し、資本係数k/yは低下する。

4　kとyはともに上昇し、資本係数k/yは上昇する。

5　kとyはともに低下し、資本係数k/yは上昇する。

PointCheck

◉新古典派成長理論‥‥‥‥‥‥‥‥‥‥‥‥‥‥‥‥‥‥‥‥‥‥‥‥‥‥【★★☆】

⑴新古典派成長理論（ソロー・モデル）

　　$Y＝f(k)$……①　（生産関数）

　　$\varDelta k＝sf(k)-nk$……②　（基本方程式）

　①の生産関数では、1人あたりではあるが、資本(k)と生産量(Y)との関係から、限界生産力逓減(収穫逓減)が仮定される。

　②の右辺第一項は、$sf(k)＝s・y$となることから、貯蓄関数ととらえられる。($0<s<1$)

　②の右辺第二項は、グラフでは横軸 (x軸)にkをとることから、nkとは、傾きがnとなる右上がりの直線で表される。

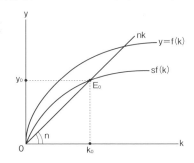

〔シフト〕
　①貯蓄率(s)の増加 → sf(k)からs´f(k)への上方シフト
　②人口増加率の上昇 → 直線の傾きnの増加 → 傾きが急になる

①

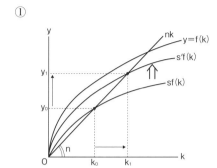

（kとyはともに上昇する）

②

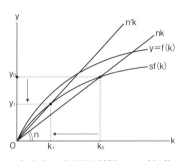

（1人あたり国民所得＝yの低下）

Level up Point!　ソローの成長理論を代表する新古典派成長理論の出題では、国家総合を除いて、計算問題は出題されることはなく、文章題かグラフの問題となっている。このことから、ソロー・モデルをグラフにした形をイメージできれば、ほとんど解けることになる。

A69　正解ー4

新古典派成長モデルなので、グラフは**PointCheck**で示したようになる。
$$y=\sqrt{k}=k^{1/2}\cdots\cdots①$$
①は生産関数であり、やはり収穫逓減する形で表される。
$$\varDelta k=sy-nk\cdots\cdots②$$
②はソローの基本方程式そのものである。①②を前提に、貯蓄率が上昇すると、**PointCheck**の〔シフト〕の図①で示したように、kとyはともに上昇することになるが、上昇の割合がどちらが大きくなるのかということがポイントとなる。グラフは収穫逓減が仮定されていることから、kが増えるほど資本係数(k/y)は上昇する。
〔参考〕新古典派成長理論の別の式
$$\varDelta k=sf(k)-nk\quad（ソローの基本方程式）$$
$\varDelta k=0$より、　$sf(k)-nk=0$　となる。
$sf(k)=nk$　より、　$s\cdot y=nk$　となり
$$y=n/s\cdot k$$

第1章

第2章

第3章

第4章

第5章

第6章

第7章

第8章

Q70 コブ＝ダグラス型生産関数での経済成長

> 問 わが国の経済が以下のコブ＝ダグラス型生産関数で近似されるとする。
>
> $Y = AK^{0.3}L^{0.7}$
>
> ここで、Y は実質国民純生産、A は全要素生産性、K は資本ストック、L は労働投入量である。わが国の 1965 年から 90 年にかけての年平均の伸び率は、実質国民純生産が 5.3%、資本ストックが 10%、労働投入量が 0.6% であった。このとき、この間の平均の技術進歩率（全要素生産性上昇率）は年率約何%であったか。
>
> (国家一般)

1　0.8%
2　1.9%
3　2.3%
4　4.9%
5　5.9%

PointCheck

●コブ＝ダグラス型生産関数での経済成長‥‥‥‥‥‥‥‥‥‥‥‥‥‥‥‥‥‥‥‥‥‥‥‥‥【★★☆】

　$Y = AK^{\alpha}L^{\beta}$　　　（Y：産出量、A：技術水準、K：資本ストック、L：労働量）

　$\alpha = $資本分配率$\left(\dfrac{利潤}{国民所得}\right) = \left(\dfrac{rK}{PY}\right)$

　$\beta = $労働分配率$\left(\dfrac{賃金}{国民所得}\right) = \left(\dfrac{wL}{PY}\right)$

　この場合、α（資本分配率）＋β（労働分配率）＝ 1 となる。

　この生産関数をマクロ経済に適用し、さらに、各要素の増加率（成長率）に変換することで、経済分析が可能となる。

　$Y = AK^{\alpha}L^{\beta}$ を、対数(log)をとり、時間(t)で微分すれば、各要素の増加率が表せる。

　対数(log)をとると、かけ算は足し算に、割り算が引き算の形でとらえることができる。

　対数をとって、$\log Y = \log A + \alpha \log K + \beta \log L$

　これを時間で微分して増分の式にする(途中の展開式は省略)。

　$\dfrac{\Delta Y}{Y} = \dfrac{\Delta A}{A} + \alpha \dfrac{\Delta K}{K} + \beta \dfrac{\Delta L}{L}$　（コブ＝ダグラス型生産関数の成長率の公式）

　＊$\dfrac{\Delta A}{A}$は技術進歩率、あるいは全要素生産性増加率と呼ばれる。

第1章

第2章

第3章

第4章

第5章

第6章

第7章

第8章

知識を広げる

経済成長の源泉

$$\frac{\varDelta Y}{Y}=\frac{\varDelta A}{A}+\alpha\frac{\varDelta K}{K}+\beta\frac{\varDelta L}{L}$$

　この成長率を表す式から、経済成長$\varDelta Y/Y$（＝国民所得の成長）が、技術進歩（$\varDelta A/A$）、資本増加（$\varDelta K/K$）、労働人口増加（$\varDelta L/L$）という3つの要因から達成されることが読みとれる。

Level up Point!　コブ＝ダグラス型生産関数を用いた成長理論は、新古典は成長理論の一部にとり入れられたり、成長会計と呼ばれる分野となったりしている。本来は、時系列の統計データから読みとれた内容を数学的に表した形がコブ＝ダグラス型生産関数としてまとめられたものである。最頻出の分野ではないが、国家一般や地方上級の試験で出題されている。出題されたときは、基本パターンで対応できるものが多く、確実に得点したいので、結果の形をしっかり理解しておこう。

A70　正解－2

　$Y=AK^{0.3}L^{0.7}$の各変数を増加率（成長率）で示す。

　公式を適用して（＝対数をとって時間で微分し、時間の変化率を増加分で表す）

$$\frac{\varDelta Y}{Y}=\frac{\varDelta A}{A}+0.3\cdot\frac{\varDelta K}{K}+0.7\cdot\frac{\varDelta L}{L}$$

この式に以下の数値を代入すると

　実質国民所得：$\varDelta Y/Y=0.053$
　資本ストック：$\varDelta K/K=0.1$
　労働投入量：$\varDelta L/L=0.006$

　$0.053=\varDelta A/A+0.3\times0.1+0.7\times0.006$

　∴　$\varDelta A/A=0.0188≒0.019$（約1.9％）

第8章 国際マクロ経済学

第8章 | 国際マクロ経済学

Level 1　p162〜p173　　Level 2　p174〜p181

1 国際収支表

Level 1 ▷ **Q71**

▶p162

　1年間に一国の居住者と外国の居住者との間で行われた経済取引を体系的に記録したもの。
(1)経常収支　①貿易・サービス収支、②第一次所得収支、③第二次所得収支
(2)金融収支

2 経常収支・為替レート・国際収支の決定

Level 1 ▷ **Q72,Q73**
Level 2 ▷ **Q77,Q78**

(1)貯蓄・投資バランス論(ISバランス) ▶p164

　財市場の均衡条件：総需要Y_d $(C+I+G+X-M)$＝総供給Y_s $(C+S+T)$
　∴　$(X-M)$　＝　$(T-G)$　＋　　$(S-I)$　　……ISバランス
　　（経常収支）（財政収支）（貯蓄・投資一致）
　　（例）$(T-G)=0$（均衡財政）で、$(X-M)>0$（貿易黒字）ならば、
　　　　　$(S-I)>0$（貯蓄超過であり国内経済はデフレ）
　　　　　消費や投資を増やす内需拡大策が期待される（日本は貯蓄率が高いので経常収支
　　　　　が黒字になりやすい）。
〔不胎化政策〕
　国際収支が経常的に赤字になっている国では、外貨準備(＝ドル)が減少する。外国為替市
場でのドル売りにより通貨供給量が減少する場合、金融市場で買いオペを実施し、国際収支
の赤字が通貨供給量減少と金利上昇をもたらすことを回避することをいう。

(2)購買力平価説 ▶p167 ▶p176

　カッセルの理論であり、長期的な為替レートの決定理論といわれている。
　　為替レートe＝自国の物価水準÷外国の物価水準
　ある商品が日本では250円で売られ、同じ商品がアメリカでは2ドルだとすると、e＝250
円÷2ドル＝125円/ドルとなる。

(3)Jカーブ効果 ▶p166

　貿易収支が大幅な黒字(ドルの受取り＞ドルの支払い)になると、外国為替市場ではドルの
超過供給となり、ドル安＝円高になり輸出が減少する。ところが、大幅に円高になっても貿
易収支の黒字は逆に増大する現象、「Jカーブ効果」が起こる。輸出と輸入の価格弾力性の和
が短期的には1より小さく、長期的には1より大きくなることをいう。
　輸出と輸入の価格弾力性の合計が1より大きければ、為替レートの変化が貿易収支を瞬時
に変化させられる。
→ 外国為替市場の安定条件(マーシャル・ラーナーの条件)

160

3 マンデル＝フレミング理論　　Level 1 ▷ **Q74〜Q76**　Level 2 ▷ **Q79,Q80**

(1)固定相場制での財政・金融政策　▶p168　▶p170

固定相場制：円・ドルの交換比率＝為替レートをある一定の範囲内に固定する制度。

資本移動：資産運用のためのお金が世界中をかけめぐる状況。少しでも有利な収益率＝利子率がある国に資本の全額が移動することを、資本移動が完全であるという。

資本移動が完全なケース：

〔国際収支〕経常収支：$F=X(Y_A, e)-M(Y_B, e)$

　　　　　　資本収支：$V=V(r-r_w)$

$\left(\begin{array}{l} X：輸出、M：輸入、Y_A：相手国の国民所得、\\ Y_B：自国の国民所得、e：為替レート、\\ r：自国の利子率、r_w：世界利子率 \end{array} \right)$

*小国の仮定：自国の政策が他国の経済に影響しない。

〔財政政策〕IS－LM理論を利用

政府支出の増加 → IS曲線の右シフト → rの上昇

→ 資本(ドル)の流入 → 日銀がドルを円に交換

→ 国内のマネー・サプライの増加

→ LM曲線の右シフト → $r_0=r_w$で流入は停止

国民所得はY_0からY_1に増加（財政政策は有効）

〔金融政策〕$r_0=r_w$で均衡

金融緩和策→LM曲線の右シフト → rの下落

→ 国内資本が海外に流出（日銀が円をドルに交換）

→ 資本収支が悪化し、貨幣残高が減少する

→ LM曲線の左シフト→ $r_0=r_w$で流出が停止

国民所得は不変のまま（金融政策は無効）

(2)変動相場制での財政・金融政策　▶p170

変動相場制：為替レートは外国為替市場で決まる。

〔財政政策〕$r_0=r_w$で均衡（小国で資本移動は完全）

政府支出の増加 → IS曲線の右シフト → rの上昇 → 資本(ドル)の流入 → 外為市場で円を買ってドルを売る(資本収支の黒字) → 円高(為替レートの低下) → 輸出の減少(輸入の増加)→ 総需要の減少 → IS曲線の左シフト($r_0=r_w$になるまで)

国民所得は不変（財政政策は無効）

〔金融政策〕$r_0=r_w$で均衡

金融緩和策 → LM曲線の右シフト → rの下落

→ 国内の資本が海外に流出する(円売りドル買い)

→ 円安(為替レートの上昇) → 輸出増加(輸入減少)

→ 総需要の増加 → IS曲線の右シフト

国民所得はY_0からY_2に増加（金融政策は有効）

国際収支均衡曲線＝ BP 曲線

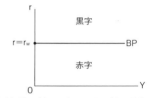

r_0(国内利子率)＝r_w(世界利子率)で均衡

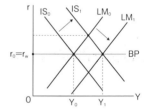

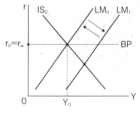

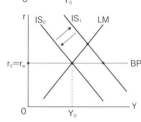

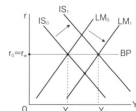

第1章
第2章
第3章
第4章
第5章
第6章
第7章
第8章

Q71 国際収支表

問 わが国の国際収支統計に関する記述として、妥当なのはどれか。 （地方上級改題）

1 国際収支統計は、経済産業省が作成し、国際収支の項目は、経常収支、資本収支及び基礎収支で構成されている。

2 経常収支の項目は、貿易収支、サービス収支、所得収支、経常移転収支及び外貨準備増減で構成されている。

3 貿易収支とは、財貨の取引に伴う支払や受取のことをいい、貿易収支には、輸送に関する取引が含まれる。

4 金融収支は、直接投資、証券投資、金融派生商品、その他の投資の収支に加え、外貨準備増減も計上される。

5 対外金融債権・債務から生じる利子・配当金の支払や受取は、資本移転等収支に含まれる。

PointCheck

●国際収支表··【★★☆】

　国際収支（表）は、自国の居住者と海外の居住者との一定期間内の取引状況を一覧表にまとめたものであり、その内容をしっかり把握しておくことが国際マクロ経済を理解することの前提となる。国際収支表・統計そのものの出題は多いとはいえないが、教養での経済や経済事情での出題もあるので要注意である。

⑴**国際収支（表）**
　　　①経常収支
　　　②資本移転等収支
　　　③金融収支
　　　④誤差脱漏
　　　─────────
　　　①＋②－③＋④＝0

⑵**経常収支**
　金融収支に計上される取引以外の、居住者・非居住者間での債権・債務の移動を伴うすべての取引の収支を示す。貿易・サービス収支、第一次所得収支、第二次所得収支の合計。
　　　①貿易・サービス収支：実体取引に伴う収支を示す。貿易収支及びサービス収支の合計。
　　　・貿易収支：国内居住者と外国人（非居住者）との間の、財貨の輸出入の収支を示す。
　　　・サービス収支：サービス取引（輸送・旅行・金融など）の収支を示す。
　　　②第一次所得収支：対外金融債権・債務から生じる利子・配当金等の収支を示す。
　　　③第二次所得収支：居住者と非居住者との間の対価を伴わない資産の提供に係る収支を示す（無償資金協力、寄付、贈与など）。

⑶**資本移転等収支**
　対価の受領を伴わない固定資産の提供、債務免除のほか、非生産・非金融資産の取得処分

等の収支を示す。

⑷金融収支

　金融資産にかかる居住者と非居住者間の債権・債務の移動を伴う取引の収支を示す。直接投資、証券投資、金融派生商品、その他投資及び外貨準備の合計。

⑸誤差脱漏

　統計上の誤差などの不突合が計上される。

▼経常収支と金融収支の関係

　この国際収支の項目で、⑶資本移転等収支と⑸誤差脱漏を捨象すると

　　経常収支－金融収支＝0

が成り立つ。

　これは、経常収支（財・サービスの取引）と金融収支（金融取引＝決済）が、相対応して行われることを示している。つまり、「経常黒字＝金融黒字」「経常赤字＝金融赤字」となる。

A71 正解－4

1—誤　国際収支統計は、経済産業省ではなく財務省が作成しており、資本収支は以前にあった項目で、基礎収支という項目はない。

2—誤　経常収支は、貿易・サービス収支・第一次所得収支・第二次所得収支で構成されている。

3—誤　貿易収支は、財（貨）の取引に伴う輸出（受取）と輸入（支払）について計上されており、輸送はサービス収支に計上される。

4—正　金融収支は、主に投資収支と外貨準備増減が統合された項目である。株・社債・国債・現金など、いわゆる金融資産である。

5—誤　株や債券からの配当や利子は、経常収支の第一次所得収支に計上される。

Q72 貯蓄・投資バランス論

問 民間貯蓄が100、政府支出が80、租税が40、貿易・サービス収支が20とすると、民間貯蓄と民間投資のバランスに関し、貯蓄・投資バランス論に基づく結論として正しいものは、次のうちどれか。 (裁判所職員)

1 貯蓄超過で超過額は20である。
2 貯蓄不足で不足額は40である。
3 貯蓄不足で不足額は50である。
4 貯蓄超過で超過額は60である。
5 貯蓄と投資は等しい。

PointCheck

◉貯蓄・投資バランス論と経常収支　理解を深める　繰り返し確認 ……………【★★★】

貯蓄・投資バランス論（ISバランス）は、国民所得決定（総需要＝総供給）の条件から、一国全体を民間部門・財政部門・貿易部門に分けて、民間・政府・海外の三者の需給関係を表す考え方である。

$$\begin{cases} 総需要Y_d = C+I+G+X-M \\ 総供給Y_s = C+S+T \end{cases}$$

$$\begin{pmatrix} C：消費、I：投資、S：貯蓄、\\ G：政府支出、T：税収、\\ X：輸出、M：輸入 \end{pmatrix}$$

財市場の均衡条件は、総需要Y_d＝総供給Y_sであるから、

$$Y_d - Y_s = 0$$
$$(C+I+G+X-M) - (C+S+T) = 0$$
$$I-S+G-T+X-M=0$$

民間部門の収支		財政部門の収支		貿易・経常収支	
供給	需要	供給	需要	需要	供給
貯蓄S	投資I	税収T	政府支出G	輸出X	輸入M

(S−I)	＋	(T−G)	＝	(X−M)

貯蓄S＞投資I	T＝G（均衡財政）	→	X＞M（貿易黒字）
貯蓄S＜投資I	T＝G（均衡財政）	→	X＜M（貿易赤字）
S＝I	税収T＞政府支出G	→	X＞M（貿易黒字）
S＝I	税収T＜政府支出G	→	X＜M（貿易赤字）

知識を広げる

アブソープションと経常収支

　国内総支出（アブソープション）と国内総生産（GDP）との大小が、経常収支の黒字・赤字を決めると考えるのがアブソープション・アプローチ(吸収分析)である。

　　Y＝C＋I＋G＋X－Mより

　　Y－(C＋I＋G)＝(X－M)

　ここで、A(国内総支出・アブソープション)＝C＋I＋Gとおくと

　　　Y　　　－　　　A　　＝　(X－M)

　　国内総生産　　　国内総支出　　経常収支

　　$\begin{cases}$国内総生産Y＞国内総支出Aのとき、経常収支(X－M)＞0　→　黒字

　　国内総生産Y＜国内総支出Aのとき、経常収支(X－M)＜0　→　赤字$\end{cases}$

A72 　正解－4

　ISバランスについての公式より

　　(S－I)　＋　(T－G)　＝　(X－M)

　(貯蓄・投資)　(財政収支)　(経常収支)

　たとえば、以下のようにバランスが成立することになる。

　　$\begin{cases}$貯蓄超過　　　　財政均衡　　　　経常収支

　　(S＞I)　＋　　±0　　→　　プラス(黒字)

　　貯蓄不足　　　　財政均衡　　　　経常収支

　　(S＜I)　＋　　±0　　→　　マイナス(赤字)$\end{cases}$

　本問では、民間貯蓄S＝100、政府支出G＝80、租税T＝40、貿易・サービス収支X－M＝20であるから、これらを代入して

　　(100－I)　＋　(40－80)　＝　20

　(貯蓄・投資)　(財政収支)　(経常収支)

　これをIについて解くと、　I＝40

　貯蓄S（100)が投資I（40)を超えるので貯蓄超過で、超過額は100－40＝60となる。

165

Q73 為替レートの決定理論

問 **国際収支と為替相場についての次の記述のうち、妥当なものはどれか。**（地方上級改題）

1 為替レートは金融政策の変更によっては全く影響を受けない。
2 為替レートの変動は、国際的な財・サービスの取引の需給だけに左右される。
3 為替レートの変化は、輸出・入の増減を通じて変動相場制での経常収支の不均等を速やかに解消する。
4 為替レートの上昇が輸出の減少を通じて経常収支を悪化させるのを、Jカーブ効果という。
5 Jカーブ効果は、マーシャル・ラーナーの安定条件が満たされるのは長期であるとする。

PointCheck

●マーシャル＝ラーナー条件‥‥‥‥‥‥‥‥‥‥‥‥‥‥‥‥‥‥‥‥‥‥‥‥【★★☆】

　例えば、価格が上昇すると需要が減少し、下落すると需要は増加する。この変化の程度を表したものが価格弾力性である。輸出と輸入についての弾力性について、為替レートと経常収支の関係で考える。

　　①輸出の価格弾力性(E_X)＝為替レートが1％変化したとき、輸出量がどれだけ変化するかの割合。
　　②輸入の価格弾力性(E_M)＝為替レートが1％変化したとき、輸入量がどれだけ変化するかの割合。

　自国通貨の価値が減少（減価＝円安）したとき、$E_X + E_M > 1$であれば、経常収支は改善されることになる。すなわち、赤字の減少あるいは黒字の増加が起こる。

　　$E_X + E_M > 1$ → マーシャル＝ラーナー条件

● Jカーブ効果 ‥‥‥‥‥‥‥‥‥‥‥‥‥‥‥‥‥‥‥‥‥‥‥‥‥‥‥‥‥‥【★★★】

　日本の経常収支黒字を減らすために、自国通貨が切り上げられた。ところが逆に、一時的には日本の経常収支黒字が拡大してしまうという現象が起こった。この動きを時系列でとらえると、下図のようになる。この形がJの字に似ていることから、Jカーブ効果と名付けられた。

　この現象は、**短期的にはマーシャル＝ラーナー条件が満たされなかった**が、**長期的に成立**していったことを表している。

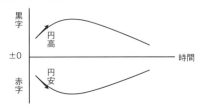

第1章

第2章

第3章

第4章

第5章

第6章

第7章

第8章

●為替レートの決定理論……………………………………………………………【★★☆】

⑴国際収支説

　外貨の需要（輸入）と外貨の供給（輸出）という為替の需給により、国際収支が均衡するように為替レートを決定するという説である。短期的な為替レートの変動を説明するものだが、資産の需給（資本収支）を反映できず、国際収支から為替の需給関係をとらえることができない。

⑵資産動機選択説（アセットアプローチ、ケインジアン）

　対外的な資産の需要と資産供給という、外国債・外国株式などの資産の需給の均衡で為替レートが決定されるとする説である。

　　　W＝M＋B＋eF

　（W：資産、M：マネー・サプライ、B：自国債券、F：外国債券、e：自国建て為替レート）

⑶購買力平価説（古典派）

　外国為替レートは**自国通貨と外国通貨の購買力の比率により決まる**と考える。同じものが、日本で360円、アメリカで３ドルであれば、為替レートは、360/3＝120円/ドルとなる。

A73　正解－5

1—誤　変動相場制ではもちろん、固定相場制でも金融政策（金融緩和や引き締め）によって影響を受ける。

2—誤　国際収支説は、もっぱら経常収支で国際収支の状況・為替レートの変動を考えるが、現在では、国際的な資本取引によるドル需給の方が影響が大きい。

3—誤　一般的にはＪカーブ効果が働くので、為替レートの変化が速やかに輸出・入の増減に結びつくとは限らない。

4—誤　これは為替レートの国際収支の調整機能の説明である。例えば、変動相場制には経常収支不均衡を自動的に調整できると考えられていたが、そのような調整機能にも限界があるとされている。

5—正　為替相場の下落にもかかわらず貿易収支が改善されない状態である。

Q74 国際収支均衡線

変動相場制における開放マクロ経済が、次の式で示されるとする。G=50、M=98、r*=0.04のとき、均衡為替レートeはいくらか。 (国家一般)

Y=C+I+G+B

C=0.8Y+20

I=38−50r

B=40−0.1Y+0.2e

M=0.2Y−300r

r=r*

$\left.\begin{array}{ll} Y：国民所得、 & C：消費 \\ I：投資、 & G：政府支出 \\ B：純輸出、 & r：国内利子率 \\ e：為替レート、 & M：貨幣供給量 \\ r*：世界利子率 & \end{array}\right)$

1 110

2 105

3 100

4   95

5   90

PointCheck

●国際収支均衡線（BP曲線）……………………………………………………【★★★】

⑴国際収支均衡線（BP曲線）

　国際収支（BP）＝経常収支（F）＋資本収支（V）

　　・経常収支(F)＝X(Y, e)−M (Y, e)　　　（Y：国民所得、e：為替レート）

　　・資本収支(V)＝V(r−r_w)　　　　　　　（r：自国金利、r_w：世界金利）

⑵資本移動が完全なケース（小国）

　資産運用のための資金が世界中を駆けめぐっており、自国金利と世界金利とのわずかな差に対しても、瞬時にすべての資本が移動してしまう状況を想定する。すなわち、世界金利（利子率）の水準で国際収支の均衡が達成されるケースである。

　小国：自国の経済政策が他国に全く影響しない設定

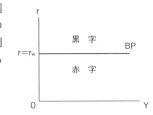

第1章

第2章

第3章

第4章

第5章

第6章

第7章

第8章

⑶資本移動がゼロのケース

資本移動がないので、国際収支は経常収支で表され、国民所得(Y)の大きさで収支が決定されるのである（為替レートは、固定相場制であろうと変動相場制であろうと、国際収支を均衡させる要因となる）。

● **マンデル＝フレミング・モデル**………………………………………**【★★★】**

⑴閉鎖経済・開放経済

①閉鎖経済(Closed Economy)：海外取引がなく、国内取引のみを考える経済
→ 輸出・輸入・資本移動がない
→ マクロ経済分析：IS−LM分析で需要関数を導く
②開放経済(Open Economy)：海外の経済と自由に相互作用する経済
→ 世界の財市場・金融市場で、財・サービス、資産(株・債券)が売買
→ マクロ経済分析：国際収支均衡線(BP曲線)を追加したIS−LM−BP分析
＊「資本移動が完全自由」で「小国」として単純化して政策分析を行う。

⑵マンデル＝フレミング・モデル(IS−LM−BPモデル)

IS−LM分析に国際収支均衡線（BP曲線）を組み込んで財政・金融政策の有効性についての効果を分析する（分析の詳細は**POINT整理**および**Q75**参照）。

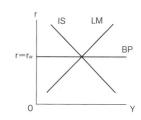

A74　正解ー4

$r=r^*=0.04$より、
　投資関数：$I=38-50\times0.04=36$
財市場の均衡より、$Y=C+I+G+B$に、それぞれ条件を代入
　$Y=0.8Y+20+36+50+40-0.1Y+0.2e$
　∴　$0.3Y=146+0.2e$……①
貨幣市場の均衡より、$M=0.2Y-300\,r$に$r=0.04$を代入
　$0.2Y-300\times0.04=98$
　∴　$Y=550$
これを①に代入して
　$0.3\times550=146+0.2e$　　以上から、$e=95$

Q75 マンデル＝フレミング理論

問 マンデル＝フレミング・モデルにおける財政・金融政策の効果に関する記述として、妥当なのはどれか。ただし、自国は小国であり、政府は不胎化政策を取らないものとする。

(地方上級)

1 固定相場制の下では、資本移動が完全に自由な場合、拡張的な財政政策は国内の貨幣供給量を増加させるため、国民所得は増加する。

2 固定相場制の下では、資本移動がない場合、拡張的な金融政策は国内の貨幣供給量を増加させるため、国民所得は増加する。

3 変動相場制の下では、資本移動が完全に自由な場合、拡張的な財政政策は自国の為替レートを減価させるため、国民所得は増加する。

4 変動相場制の下では、資本移動が完全に自由な場合、拡張的な金融政策は自国の為替レートを増価させるため、国民所得は変化しない。

5 変動相場制の下では、資本移動がない場合、拡張的な財政政策は自国の為替レートを増価させるため、国民所得は変化しない。

PointCheck

●マンデル＝フレミング理論　　理解を深める　……………………………………【★★★】

マンデル＝フレミング理論の出題では、そのほとんどが資本移動が完全なケースであったが（**POINT整理**参照）、最近ではこれに加えて、資本移動がないケースの出題が増えている。このケースを以下にまとめる。

(1)資本移動がないケース

資本移動がないことから、国際収支は経常収支（輸出入）のみで決定される。

経常収支：$F = X(Y_J, e) - M(Y_A, e)$

（Y_J：自国の国民所得、Y_A：外国の国民所得、e：為替レート）

為替レート(e)は、固定相場制では一定となり、変動相場制でも国際収支を均衡するように調整されることから、最終的に国際収支を均衡させる要因は、国民所得と考えることになる。

均衡点（A 点）→ 拡張的財政政策 → IS 曲線の右シフト
→ 国民所得の増加 → 国際収支の赤字（B点）
→ 通貨当局による「ドル売り・円買い」介入（円安防止）
→ マネー・サプライの減少 → LM曲線の左シフト（C点）
→ 国民所得は不変（無効）

[固定相場制] ①財政政策

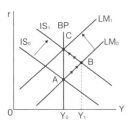

②金融政策

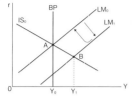

均衡点(A点) → 拡張的金融政策 → LM曲線の右シフト
→ 国民所得の増加 → 国際収支の赤字(B点)
→ 通貨当局による「ドル売り・円買い」介入
→ マネー・サプライの減少 → LM曲線の左シフト(A点)
→ 国民所得は不変(無効)

[変動相場制]①財政政策

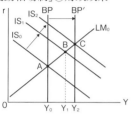

均衡点(A点) → 拡張的財政政策 → IS曲線の右シフト
→ 国民所得の増加 → 国際収支の赤字(B点)
→ 外国為替市場でドル買い・円売り
→ 為替レートの減価(円安)→ 輸出の増加
→ 総需要の増加 → IS曲線の右シフト
→ 国民所得の増加(輸入の増加も生み出す)
→ 国際収支均衡線自体が右シフト(C点)し均衡する
→ 国民所得の増加(有効)

②金融政策

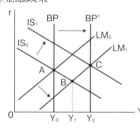

均衡点(A点) → 拡張的金融政策 → LM曲線の右シフト
→ 国民所得の増加 → 国際収支の赤字(B点)
→ 外国為替市場でドル買い・円売り
→ 為替レートの減価(円安)→ 輸出の増加
→ 総需要の増加 → IS曲線の右シフト
→ 国民所得の増加(輸入の増加も生み出す)
→ 国際収支均衡線自体が右シフト(C点)し均衡する
→ 国民所得の増加(有効)

	資本移動が完全		資本移動がない	
	固定相場制	変動相場制	固定相場制	変動相場制
財政政策	有効	無効	無効	有効
金融政策	無効	有効	無効	有効

A75 正解一1

1—正 資本移動が完全な場合、固定相場制の下では、拡張的財政政策は利子率の上昇に伴い、資本(ドル)が流入し、当局のドル買い・円売り介入を引き起こし、マネー・サプライの増加を伴って国民所得を増加させる。

2—誤 資本移動がない場合、固定相場制での拡張的金融政策は無効。

3—誤 資本移動が完全で、変動相場制なら、拡張的財政政策は利子率上昇による資本流入を引き起こし、市場でドル売り・円買い。為替レートは増価(円高)。

4—誤 資本移動が完全な場合、変動相場制の下では、拡張的金融政策は利子率の下落による資本の流出を引き起こし、ドル買い・円売りが発生し、為替レートの減価(円安)を引き起こし、輸出の増価から国民所得を増加させる。

5—誤 資本移動がない場合、変動相場制での拡張的財政政策は有効。

Q76 マンデルの政策割当

問 下の図は、マンデルのポリシー・ミックス・モデルを示したものであるが、この図に関する記述として、妥当なのはどれか。ただし、為替レートは固定されているものとする。

(地方上級)

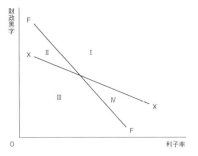

ＸＸ：完全雇用を達成するための財政黒字と利子率の組合せ
ＦＦ：国際収支線

1 Ⅰの領域においては、国内経済ではインフレ・ギャップが発生し、国際収支は赤字の状態にある。
2 Ⅱの領域においては、国内経済ではデフレ・ギャップが発生し、国際収支は赤字の状態にある。
3 Ⅲの領域においては、国内経済ではデフレ・ギャップが発生し、国際収支は黒字の状態にある。
4 Ⅰ及びⅣの領域においては、国際収支の均衡を達成させるために、金融引き締め政策が必要である。
5 Ⅲ及びⅣの領域においては、国内均衡を達成させるために、財政支出の拡大が必要である。

PointCheck

●マンデルの政策割当（ポリシー・ミックス）　理解を深める　┄┄┄┄┄┄┄┄┄┄【★★☆】

　マンデルの政策割当とは、固定相場制の下で、国内均衡（完全雇用）と国際均衡（国際収支の均衡）を同時に達成するために、財政政策と金融政策をどのように割り当てるかを説明する理論である。結論は簡単だが、各領域における経済状況についても問われることが多いことから、理論内容を正確に理解しておく必要がある。

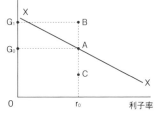

(1)国内均衡（完全雇用）

　例えば、同じ利子率（r_0）のもとで、A点は国内均衡を達成する財政黒字（G_0）であるのに対して、B点はA

点よりも財政黒字（G_1）が増大している状況にあることから、不況（デフレ）となる。反対にC点では好況（インフレ）の状況にあることがわかる。

→ { XX線よりも上方の領域＝不況（デフレ）
{ XX線よりも下方の領域＝好況（インフレ）

(2)国際均衡（国際収支の均衡）

国際均衡線（FF線）が国内均衡線（XX線）よりも傾きが急なのは、国際的な資本移動（利子率）により敏感に反応して調整されるからである。

例えば、同じ財政黒字（G_0）のもとで、A点は国際均衡を達成する利子率（r_0）を実現しているが、B点はA点よりも利子率（r_1）が低いことから、資本が流出している状況となり、国際収支は赤字となる。他方、C点は逆に利子率が高く、資本が流入しており、国際収支は黒字となっている。

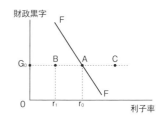

→ { FF線の右側＝国際収支の黒字
{ FF線の左側＝国際収支の赤字

(3)マンデルの政策割当

① I とIIIの領域では、概ね財政政策の発動で2つの状況を同時に解消できる（ Iの領域 → 拡張的財政政策により国民所得が増加すると、輸入が増加し、黒字が減る）。

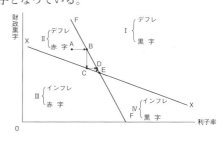

② IIとIVの領域において、政策割当が必要になる。

A点は例えば、金融政策を発動して利子率を引き上げ、資本の流入を促すことで国際収支の均衡を達成する（B点）。次に、拡張的財政政策（財政黒字の減少）で国内均衡を達成する（C点）のである。これを繰り返し発動していくことで同時均衡（E点）が達成されるのである（反対に政策を割り当てると、A点から遠ざかってしまい、同時均衡は実現されない）。

以上より、国内均衡の実現 → 財政政策、国際均衡の実現 → 金融政策を割り当てることになる。

A76 正解—2

1—誤　領域 I ＝（XX線より上方）＋（FF線の右側）→ デフレ＋国際収支黒字
2—正　領域II＝（XX線より上方）＋（FF線の左側）→ デフレ＋国際収支赤字
3—誤　領域III＝（XX線より下方）＋（FF線の左側）→ インフレ＋国際収支赤字
4—誤　金融政策が必要なのはIIとIVの領域である。
5—誤　財政政策が必要なのは I とIIIの領域である。

第1章

第2章

第3章

第4章

第5章

第6章

第7章

第8章

Q77 国際通貨制度

問 国際通貨制度に関する記述として、妥当なのはどれか。 （地方上級）

1 ブレトンウッズ体制は、第二次世界大戦後に構築され、世界銀行を中心とした国際通貨制度であり、米国は、ドルと各国通貨との交換比率を維持し、各国は、公定価格によって自国通貨と金を交換する義務を負うものであった。

2 スミソニアン合意は、1971年、先進10か国蔵相会議において、参加各国が、「ニクソン・ショック」に対応するため、固定相場制を放棄し、変動相場制に移行することに合意したものである。

3 プラザ合意は、1985年、G5（先進5か国蔵相・中央銀行総裁会議）において、参加各国が、レーガン政権のもとで生じたドル高是正に協力することに合意したものであり、この合意の後、円ドル為替レートは円高に向かった。

4 ルーブル合意は、1987年、G7（先進7か国蔵相・中央銀行総裁会議）において、参加各国がドルの上昇は望ましくないとして、為替市場に協調介入することに合意したものの、この後、ドルは大きく上昇に転じた。

5 ユーロは、EU（欧州連合）共通通貨であり、全EU加盟国が導入してユーロ圏を形成しており、圏内では、加盟各国の中央銀行が協調を図りつつ、多元的な金融政策を行っている。

PointCheck

● 戦後の国際通貨制度・・【★★☆】

(1)ブレトン・ウッズ体制

1944年、アメリカのニューハンプシャー州のブレトン・ウッズに、戦後の世界経済の枠組みを構築する目的で、アメリカ・イギリスを中心とした話し合いが行われ成立したものがブレトン・ウッズ体制である。

アメリカの代表がホワイト、イギリスの代表がケインズであった。最終的には、アメリカ中心の経済体制が構築されていったのである。自由貿易の促進や、国際金融・通貨体制の安定のために、国際通貨基金（IMF）と国際復興開発銀行（IBRD）も設立された。基軸通貨をアメリカドルとし、そのドルと金との交換を前提とする「金・ドル本位制」で出発した。

(2)ニクソン・ショック（1971年8月）

1960年代後半に入ると、アメリカの財政赤字の拡大によるドル不安が発生し、ドルに対する金の交換性への疑問などから、ニクソン政権は、1971年8月に「金とドルとの交換停止」を中心としたニクソン・ドクトリンを発表し、ブレトン・ウッズ＝IMF体制は崩壊した。

(3)スミソニアン合意（1971年12月）

1971年8月のニクソン・ドクトリンを受けて、一時的に混乱した世界経済の建て直しのために、12月に先進10カ国会議がスミソニアン博物館で開催され、為替レートの調整を中心に、固定相場制の復帰を決めたのがスミソニアン合意である(円は1ドル＝308円±2.25%

問題でPoint を理解する
Level 2 Q77

第1章
第2章
第3章
第4章
第5章
第6章
第7章
第8章

以内に切り上げられた)。

⑷キングストン合意（1976年）

スミソニアン合意にもかかわらず、ドル不安は解消されず、主要国は1973年春に変動相場制に移行することになった。1976年になってキングストンで開催されたIMF理事会で変動相場制への移行が承認された。

⑸プラザ合意（1985年）：G5

第一次・第二次石油危機を克服した日本経済は、対米輸出の増加などから大幅な貿易黒字を生み出す一方、アメリカは財政赤字と国際収支の赤字という「双子の赤字」を抱えていった。極端なドル高を是正するために、協調介入を実施することを合意したものがプラザ合意である。これによって日本は急激な円高に直面することになる。

⑹ルーブル合意（1987年）：G7

プラザ合意の結果、日本は急激な円高（ドル安）局面にぶつかり、各国の中でそのいきすぎが懸念され始めたために、1987年パリのルーブル宮殿でG7が開催され、「為替レートを現行の水準周辺で安定させる」旨の合意がなされ、日米両国が協調介入を行うことを決定した。

Level up Point!　戦後の国際通貨制度は、経済史での出題が多いが、国際マクロ経済を理解する上で欠かせない動きである。戦後日本も、固定相場制の下で経済体制を構築し、現在の変動相場制に移行したのは1973年春からである。その後も、バブル経済とその崩壊を通じて、最近まで不況に直面していたことは記憶に新しいところであろう。こうした意味でも、歴史の展開を把握しておくことは大切である。

A77　正解―3

1 ―誤　ブレトン・ウッズ体制は、世界銀行（IBRD）ではなく国際通貨基金（IMF）を中心とした「金・ドル本位制」である。

2 ―誤　スミソニアン合意は、ニクソン・ショックによって一時的に変動相場制に移った体制を、再び固定相場制に復帰させるための合意であった。

3 ―正　プラザ合意後、円は急速に円高局面に移行した。1ドル＝250円程度から1ドル＝140円程度にまで切りあがった結果、円高不況に陥った。

4 ―誤　ルーブル合意は、直後に発生した株価の暴落（ブラック・マンデー）によって、ドル安を是正する効果は限定的なものとなった。

5 ―誤　EUの共通通貨であるユーロは、EU加盟28カ国中19カ国で採用しているだけであり、金融政策の中心は欧州中央銀行である。

Q78 購買力平価説

問 購買力平価説に関する記述として、妥当なのはどれか。 （地方上級）

1 購買力平価説によると、アメリカで5％のインフレが進行し、日本の物価が全く動いていないとき、円ドルレートは5％で円高に動いていく。

2 購買力平価説によると、アメリカと日本でそれぞれ5％のインフレが同時進行したとき、円ドルレートは5％で円安に動いていく。

3 購買力平価説によると、日本の利子率が5％で、アメリカの利子率が3％であるとき、円ドルレートは2％で円高に動いていく。

4 購買力平価説によると、日本で5％のインフレが進行し、アメリカの物価が全く動いていないとき、円ドルレートは5％で円高に動いていく。

5 購買力平価説によると、日本の利子率が3％で、アメリカの利子率が2％であるとき、円ドルレートは5％で円安に動いていく。

PointCheck

●為替レートの決定理論 　理解を深める 　‥‥‥‥‥‥‥‥‥‥‥‥‥‥‥‥‥‥‥【★★☆】
⑴短期の為替レート決定

　これは、基軸通貨がアメリカドルであることから、決済や取引に必要なドルの需給の観点から説明されるものである。すなわち、為替レート(e)は、「ドルに対する需要と供給で決まる」というものである。

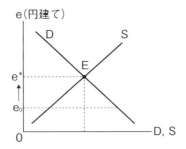

　例えば、為替レートが e_0 に決まると、市場ではドルに対する超過需要が発生し、ドル買い・円売りとなり、円安が進行して行き、e^* に収束する（超過供給では円高となり、やはり e^* に収束する）。

⑵カッセルの購買力平価説

　購買力平価説は、国際間でも「一物一価の法則」が成立することを示したもので、絶対的購買力平価説と、相対的購買力平価説がある。

①絶対的購買力平価説

為替レート(e)＝(自国の物価水準)/(外国の物価水準)

これは、例えば、日本とアメリカで共通に販売されている商品について、各国の購買力(物価水準) の相対比で為替レートが決まることを示している。

自動車 $\begin{cases} 日本＝240万円 \\ アメリカ＝2万ドル → e＝240万円/2万ドル＝120円/ドル \end{cases}$

②相対的購買力平価説

為替レート(e)/現行の為替レート(e_0)＝(自国の物価指数)/(外国の物価指数)

為替レート(e)＝現行の為替レート(e_0)×(自国の物価指数)/(外国の物価指数)

これは、2国間の物価上昇の変化を調整するように為替レートが決まることを示している。

(例) 100円×110/100＝110円(当初)

ここで、日本の物価指数が10%上昇(インフレ)して、121になると、

100円×121/100＝121円(円安)

となり、円安になることがわかる。一方、外国のインフレは、逆に円高になる。

⑶金利平価説

資金はより金利の高いところに移動するので、自国通貨と外国通貨の金利の差を等しくするように為替レートは決定される。

為替レート(e)/現行の為替レート(e_0)＝(1＋自国の利子率)/(1＋外国の利子率)

為替レート(e)＝現行の為替レート(e_0)×(1＋自国の利子率)/(1＋外国の利子率)

Level up Point! 為替レートがどのように決定されるかを説明する理論はいくつかあるが、代表的な理論、特に購買力平価説についてはしっかり理解しておく必要がある。

A78 正解ー1

1－正　(外国の物価指数)/(自国の物価指数)＝(1＋0.05)/1＝e_0/e → 5%の円高

2－誤　(外国の物価指数)/(自国の物価指数)＝(1＋0.05)/(1＋0.05)＝1

　　　　よって、e_0/e＝1であり、為替レートの変化はない。

3－誤　購買力平価説では利子率の変化は考慮しない。

4－誤　(外国の物価指数)/(自国の物価指数)＝1/(1＋0.05)＝e_0/e → 5%の円安

5－誤　利子率の影響を考慮するのは、金利平価説である。

Q79 マンデル゠フレミング・モデル

問 下図は、ある国のIS曲線、LM曲線、BP曲線（国際収支均衡線）を表している。この国が固定相場制を実施する場合と変動相場制を実施する場合における経済政策の長期均衡の効果に関する次の記述のうち、妥当なものはどれか。ただし、物価水準は一定であり、固定相場制で不胎化政策は採らないものとする。 (国家総合類題)

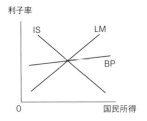

1　固定相場制において、拡張的財政政策を行ったとき、BP曲線の傾きがLM曲線の傾きよりも緩やかなため、国際収支は赤字となる。

2　固定相場制において、マネー・サプライを増加させたとき、LM曲線が下方シフトすることで国際収支は黒字となる。

3　変動相場制において、マネー・サプライを増加させたとき、為替レートが減価する結果、BP曲線は下方シフトするが、IS曲線はシフトしない。

4　変動相場制において、拡張的財政政策を行ったとき、その効果の一部は為替レートの上昇により打ち消される。

5　固定相場制でも変動相場制でも、マネー・サプライを増加させたとき、国民所得を増加させることができる。

PointCheck

◉変動相場制で資本移動が不完全な場合の財政政策･････････････････････････････【★★☆】

拡張的財政政策 → IS曲線の右上方シフト ($IS_0 \to IS_1$) → 利子率の上昇

　→ 資本(ドル)の流入 → 国際収支の黒字 → 為替レートの増価(円高)

　　⎧ → BP曲線の左上方シフト

　　⎩ → 経常収支の悪化によりIS曲線の左シフト

　→ E_2 で均衡

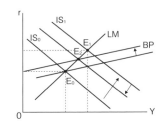

A79 正解ー4

1－誤 　まずは、BP曲線の上方では国際収支は黒字、下方では赤字となる。拡張的財政政策を行うと、IS曲線は右上方にシフトする。この図では、BP線がLM曲線の傾きよりも緩やかなので、新しい均衡点は、当然BP線よりも上方にくるので国際収支は黒字となる。

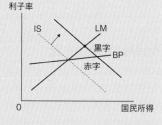

2－誤 　LM曲線が下方シフトするので、新しい均衡点はBP線の下方にくるため、国際収支は赤字となる。

3－誤 　変動相場制において、マネー・サプライを増加させると、LM曲線の下方シフト → 利子率の下落 → 資本（ドル）の流出 → ドル需要の増加 → 円安 → 輸出の増加 →（経常収支の改善）IS曲線の右上方シフト → 国際収支を均衡させるためにより低い利子率による資本の流出を実現するためにBP線も下方シフトする。

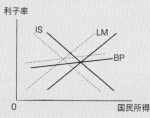

4－正 　変動相場制での拡張的財政政策 → ISの右シフト → 利子率の上昇 → 資本の流入 → 国際収支の黒字 → 為替レートの増価（円高）→ 経常収支の悪化 → ISの左シフト＋BP線の左上方シフト

5－誤 　固定相場制では、資本移動がどのケースでも、固定為替レートを維持するためだけに金融政策が発動されることから無効となる。変動相場制では、為替レートの下落（＝減価or円安）を通じて国民所得を増加させる効果がある。

Q80 マンデル＝フレミング・モデルの計算問題

問 開放マクロ経済が

$Y=C+I+G+B$
$C=C_0+0.8Y$
$I=I_0-200r$
$B=B_0-0.2Y$
$1.2Y-500r=M$

$$\left(\begin{array}{l} Y：産出量 \quad C：消費 \quad I：投資 \\ G：政府支出（一定） \quad B：純輸出 \\ r：利子率 \quad M：貨幣供給量 \\ C_0、I_0、B_0 は定数 \end{array}\right)$$

で示されるとする。均衡において総輸出がB＝5の黒字であるとき、この黒字を解消するためには、貨幣供給量Mをいくら増加させればよいか。 （地方上級）

1　35

2　40

3　45

4　50

5　55

PointCheck

◉マンデル＝フレミング・モデルの計算問題‥‥‥‥‥‥‥‥‥‥‥‥‥‥‥【★★★】

　計算問題で、開放経済の財政・金融政策の有効性を考える場合も、基本はIS－LM分析の処理が妥当する（第4～5章参照）。ただし、典型的な出題である、為替レートの変化（ΔE）、国民所得の変化（ΔY）を問うものでは、IS－LM分析での連立方程式を解かずに、「変化」だけを確認していけばよいことになる。

（例）

　変動為替相場の開放マクロ経済が以下のものであるとき、貨幣供給量Mを増加させると国民所得Yと為替レートEはどのように変化するか。（ただし、Y：国民所得、C：消費、I：投資、B：貿易収支、r：国内利子率、e：為替レート、M：貨幣供給量、r^*：世界利子率（一定））

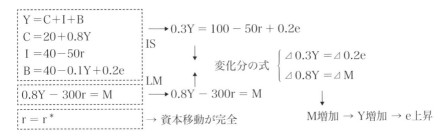

$$Y=C+I+B$$
$$C=20+0.8Y$$
$$I=40-50r$$
$$B=40-0.1Y+0.2e$$

IS $\longrightarrow 0.3Y=100-50r+0.2e$

$$0.8Y-300r=M$$

LM $\longrightarrow 0.8Y-300r=M$

変化分の式 $\begin{cases} \Delta 0.3Y=\Delta 0.2e \\ \Delta 0.8Y=\Delta M \end{cases}$

$r=r^*$ → 資本移動が完全

M増加 → Y増加 → e上昇

問題でPoint を理解する

Level 2 **Q80**

第1章

第2章

第3章

第4章

第5章

第6章

第7章

第8章

Level up Point！
マンデル＝フレミング・モデルの計算問題にもいくつかの出題パターンがあるが、それをすべて覚えるよりも、何を問われているのかをしっかり考えることからはじめて、応用問題にも柔軟に対応できるように準備しておきたい。

A80　正解－5

　純輸出Bの5の黒字を解消する（減らす）わけであるから、$\Delta B = -5$にならなければならない。このことから、増分の式を立てると、

　　$B = B_0 - 0.2Y$

　　$\Delta B = -0.2\Delta Y = -5$

　これより、$\Delta Y = 25$が求まる。すなわち、5の黒字を減らすのに国民所得が25増加しなければならないことを意味している。

（IS曲線）　$Y = C + I + G + B$　に条件を代入して

　　$Y = C_0 + 0.8Y + I_0 - 200r + G + B_0 - 0.2Y$

　　$0.4Y + 200r = C_0 + I_0 + G + B_0$……①

（LM曲線）　$1.2Y - 500r = M$……②

　①②を増分の式に変えて

　　$0.4\Delta Y + 200\Delta r = 0$……③　　（問題文よりGは一定）

　　$1.2\Delta Y - 500\Delta r = \Delta M$……④

　これより、Δrを消去して

　　$2.2\Delta Y = \Delta M$　よって、$\Delta Y = 5/11 \times \Delta M$

　ここで、$\Delta Y = 25$を代入して、$\Delta M = 55$

INDEX

※色のついた数字は、 Level 2 です。

本書の内容は、小社より 2020 年 3 月に刊行された
「公務員試験 出るとこ過去問 6 マクロ経済学」(ISBN：978-4-8132-8748-3)
および 2023 年 3 月に刊行された
「公務員試験 出るとこ過去問 6 マクロ経済学 新装版」(ISBN：978-4-300-10606-8)
と同一です。

公務員試験　過去問セレクトシリーズ

公務員試験　出るとこ過去問　6　マクロ経済学　新装第2版

2020 年 4 月 1 日　初　　　版　第 1 刷発行
2024 年 4 月 1 日　新装第 2 版　第 1 刷発行

編　著　者　　Ｔ　Ａ　Ｃ　株　式　会　社
　　　　　　　　　　（出版事業部編集部）
発　行　者　　多　　田　　敏　　男
発　行　所　　ＴＡＣ株式会社　　出版事業部
　　　　　　　　　　　　　　（ＴＡＣ出版）

　　　　　　〒 101-8383
　　　　　　東京都千代田区神田三崎町 3-2-18
　　　　　　電話　03（5276）9492（営業）
　　　　　　FAX　03（5276）9674
　　　　　　https://shuppan.tac-school.co.jp/

印　　　刷　　株式会社　光　　　邦
製　　　本　　株式会社　常　川　製　本

© TAC　2024　　　Printed in Japan　　　　　　ISBN 978-4-300-11126-0
　　　　　　　　　　　　　　　　　　　　　　　　　　　N.D.C. 317

公務員講座のご案内

大卒レベルの公務員試験に強い！

2022年度 公務員試験

公務員講座生※1
最終合格者延べ人数※2

5,314名

※1 公務員講座生とは公務員試験対策講座において、目標年度に合格するために必要と考えられる、講義、演習、論文対策、面接対策等をパッケージ化したカリキュラムの受講生です。単科講座や公開模試のみの受講生は含まれておりません。
※2 同一の方が複数の試験種に合格している場合は、それぞれの試験種に最終合格者としてカウントしています。（実合格者数は2,843名です。）
＊2023年1月31日時点で、調査にご協力いただいた方の人数です。

国家公務員（大卒程度）	計	**2,797**名
地方公務員（大卒程度）	計	**2,414**名
国立大学法人等	大卒レベル試験	61名
独立行政法人	大卒レベル試験	10名
その他公務員		32名

1位 全国の公務員試験で 合格者を輩出！

詳細は公務員講座（地方上級・国家一般職）パンフレットをご覧ください。

2022年度 国家総合職試験

公務員講座生※1

最終合格者数 217名

法律区分	41名	経済区分	19名
政治・国際区分	76名	教養区分※2	49名
院卒/行政区分	24名	その他区分	8名

※1 公務員講座生とは公務員試験対策講座において、目標年度に合格するために必要と考えられる、講義、演習、論文対策、面接対策等をパッケージ化したカリキュラムの受講生です。単科講座や公開模試のみの受講生は含まれておりません。
※2 上記は2022年度目標の公務員講座最終合格者のほか、2023年度目標公務員講座生の最終合格者40名が含まれています。
＊上記は2023年1月31日時点で調査にご協力いただいた方の人数です。

2022年度 外務省専門職試験

最終合格者総数55名のうち 54名がWセミナー講座生です。

合格者占有率※2 98.2%

外交官を目指すなら、実績のWセミナー

※1 Wセミナー講座生とは、公務員試験対策講座において、目標年度に合格するために必要と考えられる、講義、演習、論文対策、面接対策等をパッケージ化したカリキュラムの受講生です。各種オプション講座や公開模試など、単科講座のみの受講生は含まれておりません。また、Wセミナー講座生はそのボリュームから他校の講座生と掛け持ちすることは困難です。
※2 合格者占有率は「Wセミナー講座生（※1）最終合格者数」を、「外務省専門職採用試験の最終合格者総数」で除して算出しています。また、算出した数字の小数点第二位以下を四捨五入して表記しています。
＊ 上記は2022年10月10日時点で調査にご協力いただいた方の人数です。

WセミナーはTACのブランドです

資格の学校 TAC

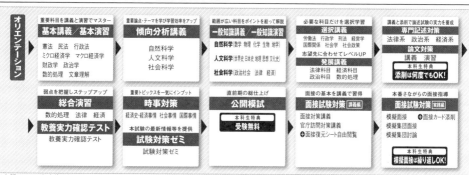

公務員講座のご案内

無料体験入学のご案内
3つの方法で*TAC*の講義が体験できる!

教室で体験
迫力の生講義に出席　　予約不要!　最大3回連続出席OK!

1. 校舎と日時を決めて、当日TACの校舎へ
TACでは各校舎で毎月体験入学の日程を設けています。

2. オリエンテーションに参加(体験入学1回目)
初回講義「オリエンテーション」にご参加ください。体験入学ご参加の際に個別にご相談をお受けいたします。

3. 講義に出席(体験入学2・3回目)
引き続き、各科目の講義をご受講いただけます。参加者には体験用テキストをプレゼントいたします。

● 最大3回連続無料体験講義の日程はTACホームページと公務員講座パンフレットでご覧いただけます。
● 体験入学はお申込み予定の校舎に限らず、お好きな校舎でご利用いただけます。
● 4回目の講義前までにご入会手続きをしていただければ、カリキュラム通りに受講することができます。

※地方上級・国家一般職、理系(技術職)、警察・消防以外の講座では、最大2回連続体験入学を実施しています。また、心理職・福祉職はTAC動画チャンネルで体験講義を配信しています。
※体験入学1回目や2回目の後でもご入会手続きは可能です。「TACで受講しよう!」と思われたお好きなタイミングで、ご入会いただけます。

ビデオで体験
校舎のビデオブースで体験視聴

TAC各校のビデオブースで、講義を無料でご視聴いただけます。(要予約)

各校のビデオブースでお好きな講義を視聴できます。視聴前日までに視聴する校舎受付までお電話にてご予約をお願い致します。

ビデオブース利用時間 ※日曜日は④の時間帯はありません。
① 9：30 ～ 12：30　② 12：30 ～ 15：30
③ 15：30 ～ 18：30　④ 18：30 ～ 21：30

※受講可能な曜日・時間帯は一部校舎により異なります。
※年末年始・夏期休業・その他特別な休業以外は、通常平日・土日祝祭日にご覧いただけます。
※予約時にご希望日とご希望時間帯を合わせてお申込みください。
※基本講義の中からお好きな科目をご視聴いただけます。視聴できる科目は校舎により異なります。
※TAC提携校での体験視聴につきましては、提携校各校へお問合せください。

Webで体験
スマートフォン・パソコンで講義を体験視聴

TACホームページの「TAC動画チャンネル」で無料体験講義を配信しています。時期に応じて多彩な講義がご覧いただけます。

TACホームページ https://www.tac-school.co.jp/

※体験講義は教室講義の一部を抜粋したものになります。

TAC出版 書籍のご案内

TAC出版では、資格の学校TAC各講座の定評ある執筆陣による資格試験の参考書をはじめ、資格取得者の開業法や仕事術、実務書、ビジネス書、一般書などを発行しています！

TAC出版の書籍
*一部書籍は、早稲田経営出版のブランドにて刊行しております。

資格・検定試験の受験対策書籍

- 日商簿記検定
- 建設業経理士
- 全経簿記上級
- 税理士
- 公認会計士
- 社会保険労務士
- 中小企業診断士
- 証券アナリスト

- ファイナンシャルプランナー(FP)
- 証券外務員
- 貸金業務取扱主任者
- 不動産鑑定士
- 宅地建物取引士
- 賃貸不動産経営管理士
- マンション管理士
- 管理業務主任者

- 司法書士
- 行政書士
- 司法試験
- 弁理士
- 公務員試験(大卒程度・高卒者)
- 情報処理試験
- 介護福祉士
- ケアマネジャー
- 社会福祉士 ほか

実務書・ビジネス書

- 会計実務、税法、税務、経理
- 総務、労務、人事
- ビジネススキル、マナー、就職、自己啓発
- 資格取得者の開業法、仕事術、営業術
- 翻訳ビジネス書

一般書・エンタメ書

- ファッション
- エッセイ、レシピ
- スポーツ
- 旅行ガイド (おとな旅プレミアム/ハルカナ)
- 翻訳小説

公務員試験対策書籍のご案内

TAC出版の公務員試験対策書籍は、独学用、およびスクール学習の副教材として、各商品を取り揃えています。学習の各段階に対応していますので、あなたのステップに応じて、合格に向けてご活用ください!

INPUT

『みんなが欲しかった!
公務員
合格へのはじめの一歩』

A5判フルカラー

- 本気でやさしい入門書
- 公務員の"実際"をわかりやすく紹介したオリエンテーション
- 学習内容がざっくりわかる入門講義

・数的処理(数的推理・判断推理・空間把握・資料解釈)
・法律科目(憲法・民法・行政法)
・経済科目(ミクロ経済学・マクロ経済学)

『みんなが欲しかった!
公務員 教科書&問題集』

A5判

- 教科書と問題集が合体!
  でもセパレートできて学習に便利!
- 「教科書」部分はフルカラー!
  見やすく、わかりやすく、楽しく学習!

・憲法
・【刊行予定】民法、行政法

『新・まるごと講義生中継』

A5判
TAC公務員講座講師
郷原 豊茂 ほか

- TACのわかりやすい生講義を誌上で!
- 初学者の科目導入に最適!
- 豊富な図表で、理解度アップ!

・郷原豊茂の憲法
・郷原豊茂の民法Ⅰ
・郷原豊茂の民法Ⅱ
・新谷一郎の行政法

『まるごと講義生中継』

A5判
TAC公務員講座講師
渕元 哲 ほか

- TACのわかりやすい生講義を誌上で!
- 初学者の科目導入に最適!

・郷原豊茂の刑法
・渕元哲の政治学
・渕元哲の行政学
・ミクロ経済学
・マクロ経済学
・関野喬のパターンでわかる数的推理
・関野喬のパターンでわかる判断整理
・関野喬のパターンでわかる
　空間把握・資料解釈

要点まとめ

『一般知識
出るとこチェック』

四六判

- 知識のチェックや直前期の暗記に最適!
- 豊富な図表とチェックテストでスピード学習!

・政治・経済
・思想・文学・芸術
・日本史・世界史
・地理
・数学・物理・化学
・生物・地学

記述式対策

『公務員試験論文答案集
専門記述』

A5判
公務員試験研究会

- 公務員試験(地方上級ほか)の専門記述を攻略するための問題集
- 過去問と新作問題で出題が予想されるテーマを完全網羅!

・憲法〈第2版〉
・行政法

書籍の正誤に関するご確認とお問合せについて

書籍の記載内容に誤りではないかと思われる箇所がございましたら、以下の手順にてご確認とお問合せを
してくださいますよう、お願い申し上げます。

なお、正誤のお問合せ以外の**書籍内容に関する解説および受験指導などは、一切行っておりません。**
そのようなお問合せにつきましては、お答えいたしかねますので、あらかじめご了承ください。

1 「Cyber Book Store」にて正誤表を確認する

TAC出版書籍販売サイト「Cyber Book Store」の
トップページ内「正誤表」コーナーにて、正誤表をご確認ください。

CYBER TAC出版書籍販売サイト
BOOK STORE

URL：https://bookstore.tac-school.co.jp/

2 ①の正誤表がない、あるいは正誤表に該当箇所の記載がない
⇒ 下記①、②のどちらかの方法で文書にて問合せをする

★ご注意ください★

お電話でのお問合せは、お受けいたしません。

①、②のどちらの方法でも、お問合せの際には、「お名前」とともに、
「対象の書籍名（○級・第○回対策も含む）およびその版数（第○版・○○年度版など）」
「お問合せ該当箇所の頁数と行数」
「誤りと思われる記載」
「正しいとお考えになる記載とその根拠」
を明記してください。

なお、回答までに１週間前後を要する場合もございます。あらかじめご了承ください。

---

① ウェブページ「Cyber Book Store」内の「お問合せフォーム」より問合せをする

【お問合せフォームアドレス】

https://bookstore.tac-school.co.jp/inquiry/

---

② メールにより問合せをする

【メール宛先　TAC出版】

syuppan-h@tac-school.co.jp

※土日祝日はお問合せ対応をおこなっておりません。
※正誤のお問合せ対応は、該当書籍の改訂版刊行月末日までといたします。

乱丁・落丁による交換は、該当書籍の改訂版刊行月末日までといたします。なお、書籍の在庫状況等
により、お受けできない場合もございます。

また、各種本試験の実施の延期、中止を理由とした本書の返品はお受けいたしません。返金もいたし
かねますので、あらかじめご了承くださいますようお願い申し上げます。

（2022年7月現在）